카타르 헌법
دستور دولة قطر

명지대학교중동문제연구소
중동국가헌법번역HK총서04

카타르 헌법
دستور دولة قطر

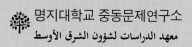

명지대학교 중동문제연구소
معهد الدراسات لشؤون الشرق الأوسط

이 역서는 2010년 정부(교육과학기술부)의 재원으로 한국연구재단의 지원을 받아 수행된

연구임(NRF-2010-362-A00004)

머리말

　명지대학교 중동문제연구소는 2010년부터 10년 동안 한국연구재단의 인문한국지원사업 해외지역연구 사업을 수행하고 있습니다. "현대 중동의 사회변동과 호모이슬라미쿠스: 샤리아 연구와 중동학 토대구축"이란 대주제 하에 '종합지역 연구(아젠다)' '종합지역정보시스템 구축' '지역전문가 및 학문 후속세대 양성' '국내외네트워크 형성 및 협력 강화' '사회적 서비스' 사업을 중점적으로 수행하고 있습니다. 이러한 사업의 일환으로 중동문제연구소에서는 현대 중동 국가들의 정체성을 가장 구체적으로, 가장 명료하게 표현해 놓은 아랍어 헌법 원문을 우리 글로 번역 출판하는 작업을 하고 있습니다. 2013년 5월 31일 『사우디아라비아 통치기본법』, 2014년 4월 30일 『쿠웨이트 헌법』, 2014년 6월 30일 『UAE 헌법』을 번역 출판하였고, 이번에 카타르 헌법을 번역 출판하게 되었습니다. 아랍어 원문의 의미에 가까우면서도 독자들이 가장 잘 이해할 수 있도록 번역하기 위해 언어학자, 정치학자, 종교학자, 헌법학자들이 함께 했습니다.

　헌법에는 한 국가의 정치·경제·사회·문화적 정체성과 그 안에 살고 있는 사람들의 삶의 양태가 가장 포괄적으로 규정되어 있고, 그 헌법 규정 하에서 살고 있는 사람들은 사후적으로도 법 생활뿐 아니라 정치·경제 생활에서도 공통의 정향성을 형성하기 때문에 헌법을 이해하는 것은 그 국가 이해의 초석이 될 것입니다.

　헌법에서 카타르는 주권적 영토국가이고 아랍국가이며, 이슬람을 국교로 하고 샤리아를 법 제정의 근본 원천으로 하는 민주국가를 지향하고(헌법 제1조, 제2조, 제5조, 제7조), 권력의 원천은 국민(헌법 제59조)이라고 규정하고 있습니다. 또한 카타르는 국제조약과 협약을 존중하는 국제사회의 일원으로서 분쟁의 평화적 해결, 타국과의 협력외교를 지향하고(헌법 제7조), 사유재산은 보호되나(헌법 제27조) 천연 재산과 자원은 국유로 하는(헌법 제29조) 자본주의를, 법 앞의 평등(제35조)과 각종 자유권(헌법 제36조, 제44조~제52조) 보장, 투표권 부여(제42조) 등 자유주의와 민주주의를 지향하는 국가임을 천명하고 있습니다.

　카타르는 인구 192만 명(2013년)이 거주하는 우리나라 경기도 크기의 작은 반도 국가입니다만 2013년에 1인당 국민소득이 100,260 US $(IMF 통계자료)로 세계 3위를 차지했습니다. 카타르는 바레인과 오스만제국의 식민지, 영국의 보호국을 거쳐서 당시 지도자였던 아흐마드(Ahmad bin Ali Al Thani) 주도로 1971년 9월 1일 독립을 선언했고, 9월 3일 영국으로부터 독립국 지위를 획득했습니다. 1971년 카타르에 임시헌법이 제정되었으나 다음해인 1972년과 1996년에 개정되었으며, 2003년 4월 29일 유권자 96%의 찬성을 얻어 영구헌법이 제정되었습니다.

카타르는 입법기관인 슈라의회가 있으나 아미르(국왕)에게 권력이 집중되어 있는 입헌군주제 국가입니다. 그러나 헌법상 많은 권리가 국민에게 주어져 있으며, 최근에 경제 발전과 함께 정치적 민주주의를 지향하고 있습니다. 특히 석유와 가스가 발견·생산되면서 매우 빠른 속도로 경제성장을 해 왔고, 산업 다변화 정책을 강력하게 추진함으로써 '바다의 진주를 잡는 나라에서 검은 진주의 나라'로 급성장했습니다. 경제성장을 바탕으로 2006년 도하 하계 아시아경기대회를 개최했고, 2022 FIFA 월드컵 개최지로 선정되는 등 굵직한 국제경기를 개최할 정도로 국력이 급성장했습니다.

한국-카타르 관계도 매우 좋습니다. 한국과 카타르는 1974년 수교했으며, 1976년에 주카타르 한국대사관, 1992년에 주한 카타르대사관이 설치되었습니다. 1984년 1월 칼리파 국왕, 1999년 4월 하마드(Hamad) 국왕, 2009년 5월 타밈(Tamim) 왕세자, 2014년 11월 타밈 국왕이 한국을 방문했고, 2007년 3월 노무현 대통령, 2015년 3월 박근혜 대통령이 카타르를 방문하는 등 양국 최고위층들이 상호방문을 통해서 상호 관계 증진에 크게 기여했습니다. 우리나라는 카타르로부터 LNG와 원유, 석유화학제품, 부탄, 프로판을 주로 수입하고, LNG 선박, 자동차, 전자기기, 철강제품, 고무류 등을 주로 수출하고 있으며, 대형 건설 사업을 수주해 왔습니다. 장래 더 다양한 분야에서 양국 간 다차원적인 교류가 확대·심화될 것으로 확신합니다.

중동문제연구소는 중동 연구의 기반 구축 사업의 일환으로 중동 주요 국가들의 헌법을 아랍어 원문에 충실하게 번역하는 우리나라 최초의 연구소입니다. 무슨 일이나 '최초'라는 것은 개척자라는 의미도 있지만 두려움을 극복할 용기를 필요로 합니다. 아랍어문학, 정치학, 이슬람학 전공자들이 번역하고, 헌법학 전공 교수의 감수를 받았음에도 불구하고 세상에 내놓기에 두려움이 앞섭니다. 강의와 논문 작성 등 교수 본업을 충실히 하면서도 꾸준히 공동 번역과 여러 차례 교정 작업을 했고 헌법학자의 감수를 거쳤음에도 불구하고 아랍어 자체의 난해함과 언어 문화나 언어 구조가 우리와 다르고 단어의 다의미성으로 인해 독자 여러분이 읽기에 난해한 부분이 있을 것이고, 문맥상 오류도 발견되지 않을까 우려됩니다. 독자들의 애정 어린 평가를 기대합니다.

카타르 헌법 번역 출판을 할 수 있도록 재정 지원을 해 준 한국연구재단, 번역 작업에 참여한 김종도 교수, 정상률 교수, 임병필 교수, 박현도 교수와 감수를 맡아 꼼꼼히 읽고 평가해 주신 명지대 법과대학의 김주영 교수님께 감사드립니다.

2015년 4월 10일

명지대학교 중동문제연구소장 이종화

차례

제1장
국가와 통치 원칙

제1조

카타르는 독립 주권을 가진 아랍국가이며, 종교는 이슬람[1]
이고, 이슬람 샤리아[2]는 법 제정의 기본 원천이다. 체제는
민주주의이며, 공식언어는 아랍어[3]이다. 카타르 국민은 아
랍 움마[4]의 일원이다.

제2조

국가의 수도는 도하이며, 법률에 의해 다른 장소로 이전될
수 있다. 국가는 영토에 대한 주권을 행사하며, 주권이나
영토의 일부분을 포기하는 것은 허용되지 않는다.

الباب الأول
الدولة وأسس الحكم

(المادة ١)

قطر دولة عربية ذات سيادة مستقلة. دينها الإسلام، والشريعة الإسلامية مصدر رئيسي لتشريعاتها، ونظامها ديمقراطي، ولغتها الرسمية هي اللغة العربية. وشعب قطر جزء من الأمة العربية.

(المادة ٢)

عاصمة الدولة الدوحة. ويجوز أن يستبدل بها مكان آخر بقانون. وتمارس الدولة سيادتها على إقليمها، ولا يجوز لها أن تتنازل عن سيادتها أو أن تتخلى عن أي جزء من إقليمها.

제3조

국가의 국기(國旗)[5], 문장(紋章)[6], 훈장, 휘장, 국가(國歌)[7]
는 법률로 정한다.

제4조

국가의 금융과 은행제도[8], 공식 통화[9]는 법률로 정한다.

제5조

국가는 독립, 주권, 영토의 평화와 통일, 안전과 안정을 보
호하며, 모든 침략으로부터 자신을 수호한다.

제6조

국가는 국제 조약과 협정을 존중하며, 국가가 당사자
가 되는 모든 국제 협약, 조약, 협정을 이행하기 위해

(المادة ٣)

يحدد القانون علم الدولة وشعارها وأوسمتها وشاراتها ونشيدها الوطني.

(المادة ٤)

يحدد القانون النظام المالي والمصرفي للدولة، ويعين عملتها الرسمية.

(المادة ٥)

تحافظ الدولة على استقلالها وسيادتها وسلامة ووحدة إقليمها وأمنها واستقرارها، وتدفع عنها كل عدوان.

(المادة ٦)

تحترم الدولة المواثيق والعهود الدولية، وتعمل على تنفيذ كافة الاتفاقيات والمواثيق والعهود

노력한다.

제7조

국가의 외교정책은 국제분쟁의 평화적 해결을 장려함으로써 국제 평화와 안전의 강화 원칙, 국민들의 자결권, 국내 문제에 대한 불간섭, 평화를 사랑하는 국가들과의 상호협력을 바탕으로 한다.

제8조

국가의 통치권(rule)은 알 사니 가문[10]의 하마드 빈 칼리파 빈 하마드 빈 압둘라 빈 자심의 남자 후손들에게 세습된다.

통치권은 아미르가[11] 왕세자로 지명한 아들에게 세습된다. 그러한 아들이 없을 경우에는, 아미르가 왕세자로 지명한 가문의 구성원에게 통치권이 이양된다. 이 경우에는 그의

الدولية التي تكون طرفاً فيها.

(المادة ٧)
تقوم السياسة الخارجية للدولة على مبدأ توطيد السلم
والأمن الدوليين عن طريق تشجيع فض المنازعات
الدولية بالطرق السلمية، ودعم حق الشعوب في
تقرير مصيرها، وعدم التدخل في الشؤون الداخلية
للدول، والتعاون مع الأمم المحبة للسلام.

(المادة ٨)
حكم الدولة وراثي في عائلة آل ثاني، وفي
ذرية حمد بن خليفة بن حمد بن عبد الله بن
جاسم من الذكور.
وتكون وراثة الحكم إلى الابن الذي يسميه
الأمير ولياً للعهد. فإن لم يوجد ابن ينتقل
الحكم إلى من يسميه الأمير من العائلة ولياً

남자 후손이 통치권을 세습하게 된다.

이 헌법[12]이 효력을 갖는 날로부터 1년 이내에 공포되는 국가의 통치와 이의 세습에 관한 기타 규정들은 특별법으로 정한다. 이 법률은 헌법의 효력을 가진다.

제9조

아미르는 아미르령(Emiri Order)으로 왕세자를 임명하며[13], 그것은 통치가문과 국가의 현자(賢者) 집단[14]과의 협의 후에 이루어진다. 왕세자는 카타르 무슬림인 어머니를 둔 무슬림이어야 한다.

제10조

왕세자는 임명 시에 아미르 앞에서 다음의 선서를 한다:

(나는 이슬람 샤리아, 헌법, 법률을 존중하며, 국가의 독립

للعهد، وفي هذه الحالة تكون وراثة الحكم في ذريته من الذكور.

وينظم سائر الأحكام الخاصة بحكم الدولة ووراثته قانون خاص يصدر خلال سنة من تاريخ العمل بهذا الدستور. وتكون له صفة دستورية.

(المادة ٩)

يعين الأمير ولي العهد بأمر أميري، وذلك بعد التشاور مع العائلة الحاكمة وأهل الحل والعقد في البلاد. ويشترط في ولي العهد أن يكون مسلماً من أم قطرية مسلمة.

(المادة ١٠)

يؤدي ولي العهد عند تعيينه أمام الأمير اليمين التالية:

(أقسم بالله العظيم أن أحترم الشريعة

을 보존하고, 영토의 안전을 보호하며, 국민의 자유와 이익을 지키고, 국가와 아미르에게 충성할 것을 위대한 알라께 맹세한다.)[15]

제11조

왕세자는 아미르가 국외에 있어 부재 시에나 일시적인 장애가 아미르에게 일어났을 때 그를 대신하여 즉시 아미르의 권력과 권한을 행사한다.

제12조

아미르는 아미르령에 따라 왕세자에게 그의 일부 권력과 권한의 수행을 위임할 수 있으며, 왕세자는 그가 참석하는 내각회의를 주재한다.

الإسلامية والدستور والقانون، وأن أصون استقلال البلاد وأحافظ على سلامة إقليمها، وأن أذود عن حريات الشعب ومصالحه، وأن أكون مخلصاً للوطن والأمير.)

(المادة ١١)

يتولى ولي العهد مباشرة صلاحيات الأمير وممارسة اختصاصاته نيابةً عنه أثناء غياب الأمير خارج البلاد، أو إذا قام به مانع مؤقت.

(المادة ١٢)

للأمير أن يعهد بمباشرة بعض صلاحياته وممارسة بعض اختصاصاته إلى ولى العهد بموجب أمر أميري، ويرأس ولي العهد جلسات مجلس الوزراء التي يحضرها.

제13조

위의 두 조항들(제11조, 제12조)의 규정에 의거해서, 아미르는 왕세자가 그를 대리하는 것이 불가능 할 경우, 그의 일부 권력과 권한을 수행하기 위해 통치가문 중에서 그의 대리인을 아미르령으로 임명할 수 있다. 이렇게 임명된 자가 어떤 기관에서 직책을 맡고 있거나 업무를 수행 중일 경우, 아미르를 대행하는 동안에는 그러한 직책이나 업무 수행을 중단해야 한다.

아미르의 대행인은 임명되는 즉시 아미르 앞에서 왕세자와 동일한 선서를 해야 한다

제14조

아미르의 결정으로 《통치가문위원회》[16]라고 명명한 (위원회)를 설립하고, 아미르는 통치가문 중에서 그 위원들을 임명한다.

(المادة ١٣)

مع مراعاة أحكام المادتين السابقتين، للأمير عند تعذر نيابة ولي العهد عنه أن يعين بأمر أميري نائباً له من العائلة الحاكمة لمباشرة بعض صلاحياته واختصاصاته. فإن كان من تم تعيينه يشغل منصباً أو يتولى عملاً في أية جهة، فإنه يتوقف عن القيام بمهامه مدة نيابته عن الأمير.

ويؤدي نائب الأمير بمجرد تعيينه، أمام الأمير، ذات اليمين التي يؤديها ولي العهد.

(المادة ١٤)

ينشأ بقرار من الأمير (مجلس) يسمى «مجلس العائلة الحاكمة»، يعين الأمير أعضاءه من العائلة الحاكمة.

제15조

통치가문위원회는 아미르가 서거(逝去)하거나 혹은 직무
수행 능력을 완전히 상실한 경우 아미르의 궐위를 결정한
다. 각료회의와 슈라[17] 의회가 합동으로 비밀회의를 가진
후에 아미르직의 궐위를 선언하고, 왕세자를 국가의 아미
르로 선포한다.

제16조

왕세자가 국가의 아미르로 선포되었을 때 서력으로 18살
미만이라면, 통치권의 운영은 통치가문위원회가 선출한
섭정위원회에게 이양된다.
섭정위원회는 1명의 위원장과 3명 이상 5명 이하의 위원
들로 구성되며, 위원장과 위원의 절대다수는 통치가문 출
신들로 구성된다.

(المادة ١٥)

يقرر مجلس العائلة الحاكمة خلو منصب الأمير
عند وفاته أو إصابته بعجز كلي يمنعه من
ممارسة مهامه. ويعلن مجلس الوزراء ومجلس
الشورى بعد جلسة سرية مشتركة بينهما خلو
المنصب، وينادى بولي العهد أميرا للبلاد.

(المادة ١٦)

إذا كانت سن ولي العهد عند المناداة به أميرا للبلاد
أقل من ثمانية عشر عاماً ميلادية، يتولى إدارة دفة
الحكم مجلس وصاية يختاره مجلس العائلة الحاكمة.
ويشكل مجلس الوصاية من رئيس وعدد من
الأعضاء لا يقل عن ثلاثة ولا يزيد على
خمسة، ويكون الرئيس وأغلبية الأعضاء من
العائلة الحاكمة.

제17조

아미르의 은사(恩賜)와 원호(援護)를 위한 기금들뿐만 아니라 아미르의 금전적 보수는 아미르가 매년 발하는 결정에 의해 정해진다.

(المادة ١٧)

المخصصات المالية للأمير وكذلك مخصصات الهبات والمساعدات، يصدر بتحديدها قرار من الأمير سنويا.

제2장
사회의 기본 구성요소

제18조

카타르 사회는 정의, 자선, 자유, 평등, 고결한 도덕성을 기반으로 한다.

제19조

국가는 사회의 기반을 보호하고 국민의 안전과 안정, 균등한 기회를 보장한다.

제20조

국가는 민족통일정신, 모든 국민들 간의 상호협력과 형제애의 강화를 위해 노력한다.

الباب الثاني
المقومات الأساسية للمجتمع

(المادة ١٨)

يقوم المجتمع القطري على دعامات العدل، والإحسان، والحرية، والمساواة، ومكارم الأخلاق.

(المادة ١٩)

تصون الدولة دعامات المجتمع، وتكفل الأمن والاستقرار، وتكافؤ الفرص للمواطنين.

(المادة ٢٠)

تعمل الدولة على توطيد روح الوحدة الوطنية، والتضامن والإخاء بين المواطنين كافة.

제21조

가족은 사회의 토대이며, 가족의 토대는 종교, 도덕, 애국심이다. 가족의 보호와 실체의 지지, 결속 강화, 가족 내 어머니와 아이와 노인을 보호하기 위한 충분한 수단은 법률로 정한다.

제22조

국가는 젊은이들을 보살피며, 그들을 타락과 착취 그리고 육체·정신·영혼적 방치의 폐해로부터 보호해야 한다. 국가는 또한 건전한 교육의 토대 위에 모든 분야에서 그들의 능력을 발전시키기에 적합한 환경을 제공해야 한다.

제23조

국가는 공중보건을 육성시키고, 법률에 의거한 질병과 전염병의 예방수단 및 치료를 제공해야 한다.

(المادة ٢١)

الأسرة أساس المجتمع. قوامها الدين والأخلاق
وحب الوطن، وينظم القانون الوسائل الكفيلة
بحمايتها، وتدعيم كيانها وتقوية أواصرها والحفاظ
على الأمومة والطفولة والشيخوخة في ظلها.

(المادة ٢٢)

ترعى الدولة النشء، وتصونه من أسباب
الفساد وتحميه من الاستغلال، وتقيه شر
الإهمال البدني والعقلي والروحي، وتوفر له
الظروف المناسبة لتنمية ملكاته في شتى
المجالات، على هدى من التربية السليمة.

(المادة ٢٣)

تعنى الدولة بالصحة العامة، وتوفر وسائل الوقاية
والعلاج من الأمراض والأوبئة وفقا للقانون.

제24조

국가는 과학, 예술, 문화적·민족적 유산을 육성·보존하고 그 확산을 도우며, 과학적 연구를 장려해야 한다.

제25조

교육은 사회 발전의 기본 초석 가운데 하나이다. 국가는 이(교육)를 보호하고 보장하며, 이의 확산과 보편화를 위해 노력한다.[18]

제26조

소유권, 자본, 노동은 국가의 사회적 실체를 위한 기본구성요소이며, 이 모두가 사회적 기능을 가진 개인별 권리임을 법률로 정한다.

(المادة ٢٤)

ترعى الدولة العلوم والآداب والفنون والتراث الثقافي الوطني، وتحافظ عليها وتساعد على نشرها، وتشجع البحث العلمي.

(المادة ٢٥)

التعليم دعامة أساسية من دعائم تقدم المجتمع، تكفله الدولة وترعاه، وتسعى لنشره وتعميمه.

(المادة ٢٦)

الملكية ورأس المال والعمل مقومات أساسية لكيان الدولة الاجتماعي وهي جميعها حقوق فردية ذات وظيفة اجتماعية، ينظمها القانون.

제27조

개인의 재산은 보호되며, 공익과 법률에 규정된 경우, 관련 당사자에 대한 정당한 보상이 마련되어 있는 방식이 아니면 누구도 그의 재산을 상실하지 않는다.

제28조

국가는 경제와 사회 발전의 실현, 생산의 증가, 국민들의 복지 실현, 그들의 생활 수준 향상, 노동 기회를 제공하기 위해 사회정의와 공·사 활동간의 균형 있는 상호협력을 바탕으로 한 경제활동의 자유를 법률로 보장한다.

제29조

천연 재산과 자원[19]은 국가의 소유이며, 국가는 법규에 의

(المادة ٢٧)

الملكية الخاصة مصونة، فلا يحرم أحد من
ملكه إلا بسبب المنفعة العامة وفي الأحوال
التي يبينها القانون وبالكيفية التي ينص عليها،
وبشرط تعويضه عنها تعويضاً عادلاً.

(المادة ٢٨)

تكفل الدولة حرية النشاط الاقتصادي على
أساس العدالة الاجتماعية والتعاون المتوازن بين
النشاط العام والخاص، لتحقيق التنمية
الاقتصادية والاجتماعية، وزيادة الإنتاج، وتحقيق
الرخاء للمواطنين، ورفع مستوى معيشتهم وتوفير
فرص العمل لهم، وفقا لأحكام القانون.

(المادة ٢٩)

الثروات الطبيعية ومواردها ملك للدولة. تقوم

거하여 이를 보호하고 선용한다.

제30조
근로자들과 고용주들 간의 관계는 사회정의의 토대임을 법률로 정한다.

제31조
국가는 투자를 장려하고, 이에 필요한 보장책과 편의시설을 제공하기 위해 노력한다.

제32조
국가의 채무는 법률로 정한다.

제33조
국가는 모든 세대들의 포괄적이고 지속적인 발전을 실

على حفظها وحسن استغلالها وفقا لأحكام
القانون.

(المادة ٣٠)
العلاقة بين العمال وأرباب العمل أساسها
العدالة الاجتماعية وينظمها القانون.

(المادة ٣١)
تشجع الدولة الاستثمار وتعمل على توفير
الضمانات والتسهيلات اللازمة له.

(المادة ٣٢)
ينظم القانون قروض الدولة.

(المادة ٣٣)
تعمل الدولة على حماية البيئة وتوازنها الطبيعي،

현하기 위하여 환경보호와 자연환경의 균형을 위해 노
력한다.

تحقيقا للتنمية الشاملة والمستدامة لكل الأجيال.

제3장
공적 권리와 의무

제34조

국민은 공적 권리와 의무에 있어서 평등하다.

제35조

인간은 법 앞에 평등하며 성별, 혈통, 언어, 종교로 인한 차별을 받지 않는다.

제36조

개인의 자유는 보장된다. 어느 누구도 법규에 의하지 아니하고는 체포, 구금, 조사, 체류나 이동에 있어 그를 제한하거나 구속하는 것은 허용되지 않는다.

الباب الثالث
الحقوق والواجبات العامة

(المادة ٣٤)

المواطنون متساوون في الحقوق والواجبات العامة.

(المادة ٣٥)

الناس متساوون أمام القانون. لا تمييز بينهم في ذلك بسبب الجنس، أو الأصل، أو اللغة، أو الدين.

(المادة ٣٦)

الحرية الشخصية مكفولة. ولا يجوز القبض على إنسان أو حبسه أو تفتيشه أو تحديد إقامته أو تقييد حريته في الإقامة أو التنقل إلا وفق أحكام القانون.

어느 누구도 고문이나 존엄성을 실추시키는 대우를 받지 않으며, 고문은 법률에 의해 처벌하는 범죄로 본다.

제37조

사생활은 불가침이다. 어느 누구도 그의 개성, 가족문제, 거주지, 통신에 간섭 받는 것은 허용되지 않으며, 법규와 그에 규정된 방식에 의하지 아니하고는 그의 명예와 명성을 침해하는 어떠한 간섭도 허용되지 않는다.

제38조

국민이 국가로부터 추방되거나 귀환이 금지되는 것은 허용되지 않는다.

ولا يعرض أي إنسان للتعذيب أو للمعاملة الحاطة للكرامة، ويعتبر التعذيب جريمة يعاقب عليها القانون.

(المادة ٣٧)
لخصوصية الإنسان حرمتها، فلا يجوز تعرض أي شخص، لأي تدخل في خصوصياته أو شؤون أسرته أو مسكنه أو مراسلاته أو أية تدخلات تمس شرفه أو سمعته، إلا وفقا لأحكام القانون وبالكيفية المنصوص عليها فيه.

(المادة ٣٨)
لا يجوز إبعاد أي مواطن عن البلاد، أو منعه من العودة إليها.

제39조

피고인은 자기방어권의 필수적인 보장책들이 보장되는 법정에서 판사에 의해 유죄판결이 확정될 때까지는 무죄이다.

제40조

법률에 의하지 아니하고는 어떠한 범죄도 처벌도 없다. 어떠한 처벌도 법률의 효력 이후의 행위에 대해서만 가능하며, 형벌은 개인적으로 이루어진다.

법규들은 그것의 효력일로부터 발생한 것이 아니고는 적용되지 않으며, 그(효력 발생일) 이전에 일어났던 것에 대해서는 어떠한 영향도 미치지 못한다. 그러나 형사 사건이 아닌 경우와 슈라의회 의원[20] 3분의 2의 다수의 찬성으로 이와 달리 규정될 수 있다.

(المادة ٣٩)

المتهم بريء حتى تثبت إدانته أمام القضاء في محاكمة تتوفر له فيها الضمانات الضرورية لممارسة حق الدفاع عن نفسه.

(المادة ٤٠)

لا جريمة ولا عقوبة إلا بقانون. ولا عقاب إلا على الأفعال اللاحقة للعمل به. والعقوبة شخصية.

ولا تسري أحكام القوانين إلا على ما يقع من تاريخ العمل بها، ولا يترتب عليها أثر فيما وقع قبلها، ومع ذلك يجوز في غير المواد الجنائية وبأغلبية ثلثي أعضاء مجلس الشورى النص على خلاف ذلك.

제41조

카타르 국적과 그에 대한 규정들은 법률로 정한다. 그 규정들은 헌법적 성격을 지닌다.

제42조

국가는 법률이 정하는 바에 의하여 국민들의 투표권과 추천권을 보장한다.

제43조

조세는 사회정의의 기초이며, 법률에 의하지 아니하고는 조세 부과가 허용되지 않는다.

제44조

국민들의 집회권은 법률이 정하는 바에 의하여 보장된다.

(المادة ٤١)
الجنسية القطرية وأحكامها يحددها القانون.
وتكون لتلك الأحكام صفة دستورية.

(المادة ٤٢)
تكفل الدولة حق الانتخاب والترشيح
للمواطنين، وفقا للقانون.

(المادة ٤٣)
الضرائب أساسها العدالة الاجتماعية، ولا
يجوز فرضها إلا بقانون.

(المادة ٤٤)
حق المواطنين في التجمع مكفول وفقا
لأحكام القانون.

제45조

결사(結社)의 자유는 법률이 정하는 조건과 상황에 의하여 보장된다.

제46조

개인들은 공공기관에 청원할 권리를 가진다.

제47조

의견 표현과 학문 연구의 자유는 법률이 정하는 조건과 상황에 의하여 보장된다.

제48조

언론, 인쇄, 출판의 자유는 법률에 의하여 보장된다.

(المادة ٤٥)
حرية تكوين الجمعيات مكفولة، وفقا للشروط
والأوضاع التي يبينها القانون.

(المادة ٤٦)
لكل فرد الحق في مخاطبة السلطات العامة.

(المادة ٤٧)
حرية الرأي والبحث العلمي مكفولة، وفقا
للشروط والأحوال التي يحددها القانون.

(المادة ٤٨)
حرية الصحافة والطباعة والنشر مكفولة، وفقا
للقانون.

제49조

교육은 모든 국민의 권리이며, 국가는 효력 중인 법률과 규정에 의거하여 일반교육의 의무화 및 무상화의 실현을 위해 노력해야 한다.

제50조

신앙의 자유는 법률에 의하여 모든 사람에게 보장되며, 공공질서와 공중도덕의 보호 필요성도 보장된다.

제51조

상속권은 보호되며 이슬람 샤리아가 이를 규정한다.

제52조

국가 내에 합법적으로 거주하고 있는 모든 사람은 법규에 따라 그의 지위와 재산에 대한 보호를 받는다.

(المادة ٤٩)

التعليم حق لكل مواطن وتسعى الدولة لتحقيق إلزامية ومجانية التعليم العام، وفقا للنظم والقوانين المعمول بها في الدولة.

(المادة ٥٠)

حرية العبادة مكفولة للجميع، وفقا للقانون، ومقتضيات حماية النظام العام والآداب العامة.

(المادة ٥١)

حق الإرث مصون وتحكمه الشريعة الإسلامية.

(المادة ٥٢)

يتمتع كل شخص مقيم في الدولة إقامة مشروعة بحماية لشخصه وماله، وفقا لأحكام القانون.

제53조

국가의 방위는 모든 국민의 의무이다.[21]

제54조

공공업무는 국가의 서비스이며, 그의 직무를 수행하는 공무원은 공익만을 목표로 한다.

제55조

공공재산은 불가침이며, 이를 보호하는 것은 법률에 따른 모든 사람의 의무이다.

제56조

재산의 공적 몰수는 금지된다. 사적 재산에 대한 몰수의 처벌은 법률에 명시된 경우에 법원의 판결에 의해서만 부과되어야 한다.

(المادة ٥٣)

الدفاع عن الوطن واجب على كل مواطن.

(المادة ٥٤)

الوظائف العامة خدمة وطنية، ويستهدف الموظف العام في أداء واجبات وظيفته المصلحة العامة وحدها.

(المادة ٥٥)

للأموال العامة حرمة، وحمايتها واجب على الجميع، وفقاً للقانون.

(المادة ٥٦)

المصادرة العامة للأموال محظورة. ولا تكون عقوبة المصادرة الخاصة إلا بحكم قضائي، في الأحوال المبينة بالقانون.

제57조

헌법의 존중, 공공당국이 공포한 법률들에 대한 준수, 공공질서와 공중도덕의 준수, 민족 전통과 확립된 관습의 존중은 카타르에 거주하거나 그 영토에 체류하는 모든 사람의 의무이다.[22]

제58조

정치 난민의 인도는 금지된다. 정치 망명의 허용 조건은 법률로 정한다.

(المادة ٥٧)

احترام الدستور، والامتثال للقوانين الصادرة عن السلطة العامة، والالتزام بالنظام العام والآداب العامة، ومراعاة التقاليد الوطنية والأعراف المستقرة، واجب على جميع من يسكن دولة قطر، أو يحل بإقليمها.

(المادة ٥٨)

تسليم اللاجئين السياسيين محظور. ويحدد القانون شروط منح اللجوء السياسي.

제4장
권력기관

제1절
총칙

제59조

국민은 권력의 원천이며, 국민은 이 헌법 규정들에 의거해
이를 행사한다.

제60조

통치제도는 이 헌법에 명시된 방식에 의하여 상호 협력을
바탕으로 권력기관들의 권력분리원칙을 기초로 한다.

الباب الرابع
تنظيم السلطات

الفصل الأول
أحكام عامة

(المادة ٥٩)

الشعب مصدر السلطات ويمارسها وفقا لأحكام هذا الدستور.

(المادة ٦٠)

يقوم نظام الحكم على أساس فصل السلطات مع تعاونها على الوجه المبين في هذا الدستور.

제61조

입법부는 이 헌법에 명시된 방식에 의하여 슈라의회가 담당한다.

제62조

행정부는 아미르가 담당하며, 내각은 이에 대하여 이 헌법에 명시된 방식에 의하여 아미르에게 협조한다.

제63조

사법부는 이 헌법에 명시된 방식에 의하여 법원이 담당하며, 법규들은 아미르의 이름으로 공포된다.

(المادة ٦١)

السلطة التشريعية يتولاها مجلس الشورى على الوجه المبين في هذا الدستور.

(المادة ٦٢)

السلطة التنفيذية يتولاها الأمير. ويعاونه في ذلك مجلس الوزراء على الوجه المبين في هذا الدستور.

(المادة ٦٣)

السلطة القضائية تتولاها المحاكم على الوجه المبين في هذا الدستور. وتصدر الأحكام باسم الأمير.

제2절
아미르

제64조

아미르는 국가의 수장이다. 그의 본질은 보호되며, 그에 대한 존경은 의무이다.

제65조

아미르는 군 최고사령관이며, 그에게는 군에 대한 감독권이 있다. 아미르 직속의 국방위원회는 이에 대하여 그에게 협조하며, 위원회의 조직과 권한은 아미르령으로 공포된다.[23]

제66조

아미르는 국내·외와의 모든 국제관계에서 국가를 대표한다.

الفصل الثاني
الأمير

(المادة ٦٤)

الأمير هو رئيس الدولة. ذاته مصونة، واحترامه واجب.

(المادة ٦٥)

الأمير هو القائد الأعلى للقوات المسلحة، ويكون له الإشراف عليها، يعاونه في ذلك مجلس للدفاع يتبعه مباشرة، ويصدر بتشكيل المجلس وتحديد اختصاصاته قرار أميري.

(المادة ٦٦)

يمثل الأمير الدولة في الداخل والخارج وفي جميع العلاقات الدولية.

제67조

아미르는 다음과 같은 권한을 행사한다:

1. 내각과 협력하여 국가의 일반정책을 수립.

2. 법률의 승인과 공포. 아미르가 승인하지 않은 법률은 공포되지 못한다.

3. 공익의 필요 시 국무회의 개최를 소집하고, (그가) 참석하는 회의를 주재.

4. 법률에 의하여 민간 공무원과 군 공무원을 임명하고 그들의 업무를 종료.

5. 외교와 영사 사절단의 대표들을 파견.

6. 법률에 의하여 처벌을 사면하거나 경감.

7. 법률에 의하여 민간과 군의 훈장들을 수여.

8. 부처와 기타 정부 기구를 설립하고 조직하며 그 권한을 규정.

9. 의견과 자문을 받아 그(아미르)가 국가의 최고 정책 방향에 대하여 그에게 부여된 기구를 설립

(المادة ٦٧)

يباشر الأمير الاختصاصات التالية:

١ – رسم السياسة العامة للدولة بمعاونة مجلس الوزراء.

٢ – المصادقة على القوانين وإصدارها. ولا يصدر قانون ما لم يصادق عليه الأمير.

٣ – دعوة مجلس الوزراء للانعقاد، كلما اقتضت المصلحة العامة ذلك، وتكون له رئاسة الجلسات التي يحضرها.

٤ – تعيين الموظفين المدنيين والعسكريين وإنهاء خدماتهم وفقا للقانون.

٥ – اعتماد رؤساء البعثات الدبلوماسية والقنصلية.

٦ – العفو عن العقوبة أو تخفيفها وفقا للقانون.

٧ – منح الأوسمة المدنية والعسكرية وفقا للقانون.

٨ – إنشاء وتنظيم الوزارات والأجهزة الحكومية الأخرى وتعيين اختصاصاتها.

٩ – إنشاء وتنظيم الأجهزة التي تعينه بالرأي

하고 조직하며, 그것(기구)을 감독하고, 그 권한
을 규정.

10. 이 헌법이나 법률에 따른 기타 권한들.

제68조

아미르는 조약과 협정을 칙령으로 체결하고, 적합한 설명
서를 첨부하여 슈라의회에 이송한다. 조약이나 협정은 이
에 대한 승인과 이를 관보에 공포한 이후 법적 효력을 갖
는다. 그러나 화해조약이나 국가의 영토, 주권, 국민의 공
적이거나 사적인 권리, 국법의 개정을 포함하는 것과 관련
된 협정의 효력은 법률로 공포되어야만 한다. 어떤 경우에
도 조약이 그것의 공개 조건을 위반하는 비밀 조건을 포
함하는 것은 허용되지 않는다.

والمشورة على توجيه السياسات العليا للدولة، والإشراف عليها، وتعيين اختصاصاتها.

١٠- أي اختصاصات أخرى بموجب هذا الدستور أو القانون.

(المادة ٦٨)

يبرم الأمير المعاهدات والاتفاقيات بمرسوم، ويبلغها لمجلس الشورى مشفوعة بما يناسب من البيان. وتكون للمعاهدة أو الاتفاقية قوة القانون بعد التصديق عليها ونشرها في الجريدة الرسمية، على أن معاهدات الصلح والمعاهدات المتعلقة بإقليم الدولة أو بحقوق السيادة أو حقوق المواطنين العامة أو الخاصة أو التي تتضمن تعديلا لقوانين الدولة، يجب لنفاذها أن تصدر بقانون. ولا يجوز في أي حال أن تتضمن المعاهدة شروطا سرية تناقض شروطها العلنية.

제69조

아미르는 법률이 정하는 예외 상황인 경우에 국가계엄령을 칙령으로 공포할 수 있다. 그러한 경우에 그(아미르)는 국가의 안전, 영토의 통일, 국민의 안전과 이익을 위협하는 어떠한 위험에 맞서, 필요한 모든 신속한 절차들을 채택하거나, 국가 기관들의 업무 수행을 차단할 수 있다. 그러나 칙령은 계엄령을 선포했던 예외 상황의 특성과 이 상황을 다루기 위해 취해진 절차들의 설명을 포함하고 있어야만 한다. 슈라의회는 이 칙령을 그것이 공포된 날로부터 15일 이내에 통보 받으며, 어떠한 이유로 의회가 부재할 경우에는 그의 첫 번째 회의 때 칙령을 통보 받는다.

계엄령의 선포는 정해진 기간 동안에 이루어지며, 기간의 연장은 슈라의회의 동의가 아니고는 허용되지 않는다.

(المادة ٦٩)

للأمير أن يعلن بمرسوم الأحكام العرفية في البلاد، وذلك في الأحوال الاستثنائية التي يحددها القانون. وله عند ذلك اتخاذ كل الإجراءات السريعة اللازمة لمواجهة أي خطر يهدد سلامة الدولة أو وحدة إقليمها أو أمن شعبها ومصالحه، أو يعوق مؤسسات الدولة عن أداء مهامها، على أن يتضمن المرسوم طبيعة الحالة الاستثنائية التي أعلنت الأحكام العرفية من أجلها وبيان الإجراءات المتخذة لمواجهتها. ويخطر مجلس الشورى بهذا المرسوم خلال الخمسة عشر يوما التالية لصدوره، وفي حالة غيبة المجلس لأي سبب من الأسباب يخطر المجلس بالمرسوم عند أول اجتماع له. ويكون إعلان الأحكام العرفية لمدة محدودة ولا يجوز تمديدها إلا بموافقة مجلس الشورى.

제70조

아미르는 연기를 허용할 수 없거나, 그것(연기)의 채택이 법령 공포를 필요로 하는 긴급한 법령들의 채택을 요구할 수 있는 예외적인 상황들이나 슈라의회가 회기 중이 아닌 예외적인 상황에서 그러한 사안에 대한 법적 효력을 가진 칙령들을 공포할 수 있다.

이러한 칙령들은 법률로 슈라의회의 첫 번째 회의에 제출되며, 슈라의회는 그것이 제출된 날로부터 최대한 40일 이내에, 그리고 의원 3분의 2의 다수로 그들(칙령들) 중 어떤 것을 거부하거나 정해진 기간 동안에 그것의 개정을 요구할 수 있다. 법적 효력을 가진 이러한 칙령들은 의회가 그것을 거부한 날로부터나 개정이 진행되지 않고 정해진 기간이 경과한 경우 폐기된다.

제71조

방어전쟁의 선포는 아미르령으로 공포되며, 침략전쟁은

(المادة ٧٠)

يجوز للأمير في الأحوال الاستثنائية التي تتطلب اتخاذ تدابير عاجلة لا تحتمل التأخير، ويقتضي اتخاذها إصدار قوانين، ولم يكن مجلس الشورى منعقدا، أن يصدر في شأنها مراسيم لها قوة القانون.

وتعرض هذه المراسيم بقوانين على مجلس الشورى في أول اجتماع له، وللمجلس في موعد أقصاه ٤٠ يوما من تاريخ عرضها عليه وبأغلبية ثلثي أعضائه أن يرفض أياً منها أو أن يطلب تعديلها خلال أجل محدد. ويزول ما لهذه المراسيم من قوة القانون من تاريخ رفض المجلس لها أو انقضاء الأجل المحدد للتعديل دون إجرائه.

(المادة ٧١)

يصدر بإعلان الحرب الدفاعية أمر أميري،

금지된다.

제72조

아미르는 아미르령으로 총리[24]를 임명하고 그의 사임을 수락하며 그를 직위에서 해임한다.

총리의 해임이나 그의 직위 해임은 모든 장관들을 포함하며, 사임의 수락이나 직위 해제 시에 내각은 새로운 내각의 임명이 이루어질 때까지 긴급한 업무들을 계속하여 처리한다.

제73조

아미르는 총리의 제청에 따라 아미르령으로 장관들을 임명하며, 그들의 사임을 수락하고 같은 방식으로 그들의 직위를 해임한다. 장관의 사임을 수락할 경우에, 후임자의 임명이 이루어질 때까지 긴급한 업무 처리를 그에게 위임

والحرب الهجومية محرمة.

(المادة ٧٢)
يعين الأمير رئيس مجلس الوزراء ويقبل استقالته ويعفيه من منصبه بأمر أميري. وتشمل استقالة رئيس مجلس الوزراء أو إعفاؤه من منصبه، جميع الوزراء. وفي حالة قبول الاستقالة أو الإعفاء من المنصب، تستمر الوزارة في تصريف العاجل من الأمور حتى يتم تعيين الوزارة الجديدة.

(المادة ٧٣)
يعين الأمير الوزراء بأمر أميري بناء على ترشيح رئيس مجلس الوزراء. ويقبل استقالتهم ويعفيهم من مناصبهم بذات الأداة. وفي حال قبول استقالة الوزير، يجوز أن يعهد إليه بتصريف

할 수 있다.

제74조

아미르는 그의 권한을 행사하기 전에 슈라의회의 특별 회기에서 다음과 같은 선서를 한다:

(나는 이슬람 샤리아와 헌법과 국법을 존중하고, 국가의 독립과 국가 영토의 안전을 수호하며, 국민의 자유와 이익을 보호할 것을 위대한 알라께 맹세합니다.)

제75조

아미르는 국가의 이익과 관련된 중대한 사안들에 대해 이를 국민투표에 붙여야 하며, 국민투표의 사안은 투표자의 과반수가 찬성하면 동의한 것으로 본다. 국민투표의 결과는 공포된 날로부터 법적 구속력과 효력이 있으며, 이는 관보에 게재된다.

العاجل من الأمور حتى يتم تعيين خلف له.

(المادة ٧٤)
يؤدي الأمير قبل مباشرة صلاحياته في جلسة
خاصة لمجلس الشورى اليمين التالية:
(أقسم بالله العظيم أن أحترم الشريعة
الإسلامية والدستور والقانون، وأن أصون
استقلال البلاد وأحافظ على سلامة إقليمها،
وأن أذود عن حريات الشعب ومصالحه).

(المادة ٧٥)
للأمير أن يستفتي المواطنين في القضايا الهامة
التي تتصل بمصالح البلاد، ويعتبر موضوع
الاستفتاء موافقاً عليه إذا أقرته أغلبية من أدلوا
بأصواتهم، وتكون نتيجة الاستفتاء ملزمة ونافذة
من تاريخ إعلانها، وتنشر في الجريدة الرسمية.

제3절

입법부

제76조

슈라의회는 입법권을 담당하며, 국가의 일반예산을 승인한다. 또한 이 헌법에 명시된 방식에 따라 행정부에 대한 관리 감독을 수행한다.

제77조

슈라의회[25]는 45명의 의원으로 구성된다. 그들 중 30명의 선출은 보통 비밀 직접 투표 방식으로 이루어지며, 아미르는 장관들이나 그 외 사람들 가운데서 나머지 15명의 의원을 임명한다. 슈라의회에 임명된 의원들의 신분은 그들의 사임이나 해임으로 만료된다.

الفصل الثالث
السلطة التشريعية

(المادة ٧٦)

يتولى مجلس الشورى سلطة التشريع، ويقر الموازنة العامة للدولة، كما يمارس الرقابة على السلطة التنفيذية، وذلك على الوجه المبين في هذا الدستور.

(المادة ٧٧)

يتألف مجلس الشورى من ٤٥ عضوا. يتم انتخاب ثلاثين منهم عن طريق الاقتراع العام السري المباشر، ويعين الأمير الأعضاء الخمسة عشر الآخرين من الوزراء أو غيرهم.
وتنتهي عضوية المعينين في مجلس الشورى باستقالتهم أو إعفائهم.

제78조

선거제도[26]는 추천, 선거의 조건, 절차를 규정하는 법률로 공포된다.

제79조

국가를 분할하는 선거구와 그 지역은 칙령으로 정한다.

제80조

슈라의회 의원은 다음 조건들을 충족시켜야 한다:

   1. 태생이 카타르 국적이어야 한다.

   2. 추천 마감 시 서력으로 30세 이상이어야 한다.

   3. 아랍어 읽기와 쓰기에 능해야 한다.

   4. 법률에 의하여 복권이 이루어지지 않는 한, 불명예나 부정직한 범죄로 유죄판결을 받은 적이 없어야 한다.

(المادة ٧٨)

يصدر نظام الانتخاب بقانون تحدد فيه شروط وإجراءات الترشيح والانتخاب.

(المادة ٧٩)

تحدد الدوائر الانتخابية التي تقسم إليها الدولة ومناطق كل منها بمرسوم.

(المادة ٨٠)

يجب أن تتوافر في عضو مجلس الشورى الشروط التالية:

١ – أن تكون جنسيته الأصلية قطرية.

٢ – ألا تقل سنه عند قفل باب الترشيح عن ثلاثين سنة ميلادية.

٣ – أن يجيد اللغة العربية قراءة وكتابة.

٤ – ألا يكون قد سبق الحكم عليه نهائيا في

5. 선거법이 정하는 바에 의하여 유권자의 조건을 갖
   추어야 한다.

제81조

의회의 임기는 서력으로 4년이며, 첫 번째 회의 날부터 시
작되고, 새 의회의 선거는 그 기간(기존 의회의 임기기간)
이 종료되기 이전 90일 내에 치루어진다. 의원직의 임기
가 끝난 사람도 재 선거가 허용되며, 의회 임기가 종료되
었을 때 선거가 끝나지 않았거나 어떠한 이유로 지연되었
다면 새 의회 선거가 완료될 때까지 현재 의회는 존속된
다. 필요성이나 칙령에 의하지 아니하고는 입법회기의 연
장은 허용되지 않으며, 입법회기의 연장은 1회를 초과하
지 않아야 한다.

جريمة مخلة بالشرف أو الأمانة، ما لم يكن قد رد إليه اعتباره وفقا للقانون.

٥ – أن تتوافر فيه شروط الناخب وفقا لقانون الانتخاب.

(المادة ٨١)

مدة المجلس أربع سنوات ميلادية تبدأ من تاريخ أول اجتماع له، وتجرى انتخابات المجلس الجديد خلال التسعين يوما السابقة على نهاية تلك المدة، ويجوز إعادة انتخاب من انتهت مدة عضويته، وإذا لم تتم الانتخابات عند انتهاء مدة المجلس، أو تأخرت لأي سبب من الأسباب، يبقى المجلس قائما حتى يتم انتخاب المجلس الجديد. ولا يجوز مد الفصل التشريعي إلا للضرورة وبمرسوم، على ألا يتجاوز ذلك المد فصلا تشريعيا واحدا.

제82조

슈라의회 의원들의 선거 유효성을 결정할 권한을 부여 받은 사법당국은 법률로 정한다.

제83조

선출된 슈라의회 의원들 중 한 명의 자리가 그의 임기 만료 전 최소 6개월 전에 어떤 이유로 공석이 되면 자리의 공석이 의회에 통보된 날로부터 2개월 이내에 그의 후임자를 선출하며, 임명된 의원들 중 한 명의 자리가 공석이 되면 새 의원이 그의 후임자로 임명된다. 이 두 경우에 새 의원은 전임자의 기간을 채운다.

제84조

의회의 회기 기간은 1년에 최소한 8개월이 되어야 한다. 회기의 해산은 국가 예산의 승인이 있기 이전에는 허용되

(المادة ٨٢)

يعين القانون الجهة القضائية المختصة بالفصل في صحة انتخاب أعضاء مجلس الشورى.

(المادة ٨٣)

إذا خلا محل أحد أعضاء مجلس الشورى المنتخبين قبل نهاية مدته بستة أشهر على الأقل لأي سبب من الأسباب، انتخب خلف له خلال شهرين من تاريخ إبلاغ المجلس بخلو المكان، وإذا خلا محل أحد الأعضاء المعينين عين عضو جديد خلفا له، وفي كلتا الحالتين يكمل العضو الجديد مدة سلفه.

(المادة ٨٤)

تكون مدة دور انعقاد المجلس ثمانية أشهر في السنة على الأقل. ولا يجوز فض دور الانعقاد

지 않는다.

제85조

슈라의회는 아미르의 소집으로 매년 10월 중에 연례 정기
회를 개최한다.

제86조

이전의 두 조항들과 달리, 아미르는 의회 총선거가 끝난
후 한달 이내에 의회 총선거에 뒤이어 곧바로 슈라의회의
첫 번째 회의를 소집할 수 있다.

이 회기의 의회 개최가 이전 조항에 명시된 연간 일정에
서 연기가 되었다면 개최 기간은 두 일정들의 차이만큼
단축된다.

قبل اعتماد موازنة الدولة.

(المادة ٨٥)
يعقد مجلس الشورى دور انعقاده السنوي العادي بدعوة من الأمير خلال شهر أكتوبر من كل عام.

(المادة ٨٦)
استثناء من أحكام المادتين السابقتين يدعو الأمير مجلس الشورى لأول اجتماع يلي الانتخابات العامة للمجلس خلال شهر من انتهاء تلك الانتخابات.
وإذا تأخر انعقاد المجلس في هذا الدور عن الميعاد السنوي المنصوص عليه في المادة السابقة خفضت مدة الانعقاد بمقدار الفارق بين الميعادين.

제87조

아미르나 그의 대리인은 슈라의회의 연례 회기를 개회하고, 국가의 사안들을 다루는 포괄적인 연설을 한다.

제88조

아미르는 필요할 시에 임시회를 위해 칙령으로 또는 (슈라)의회 의원 과반수의 요구로 슈라의회를 소집하며, 의회가 임시회에서 그것을 위해 소집된 사안이 아닌 것을 검토하는 것은 허용되지 않는다.

제89조

일반 회기와 임시 회기에서 슈라의회의 개최를 위한 소집과 이의 해산은 칙령에 의한다.

(المادة ٨٧)

يفتتح الأمير أو من ينيبه دور الانعقاد السنوي لمجلس الشورى ويلقي فيه خطابا شاملا يتناول فيه شؤون البلاد.

(المادة ٨٨)

يدعو الأمير بمرسوم مجلس الشورى لاجتماع غير عادي في حالة الضرورة، أو بناء على طلب أغلبية أعضاء المجلس، ولا يجوز في دور الانعقاد غير العادي أن ينظر المجلس في غير الأمور التي دعي من أجلها.

(المادة ٨٩)

تكون دعوة مجلس الشورى للانعقاد في أدواره العادية وغير العادية وفضها بمرسوم.

제90조

아미르는 1개월을 초과하지 않는 기간 동안 슈라의회의 회기를 칙령으로 연기할 수 있다. 한 회기 내에서의 연기는 의회의 동의가 있지 아니하고는 동일 회기 내에 반복되지 않으며, 연기 기간은 회기 기간에 포함되어 산정되지 않는다.

제91조

의회는 도하 시에 있는 본부에서 회의를 개최한다. 아미르는 다른 어떤 장소에서도 의회의 회의를 소집할 수 있다.

제92조

슈라의회 의원들은 그들의 직무를 수행하기 전에 의회 앞에서, 공개 회의에서 다음과 같은 선서를 한다:

(나는 조국과 아미르에게 충성하고, 이슬람 샤리아와 헌법

(المادة ٩٠)

للأمير أن يؤجل بمرسوم اجتماع مجلس الشورى لمدة لا تتجاوز شهرا، ولا يتكرر التأجيل في دور الانعقاد الواحد إلا بموافقة المجلس ولمدة واحدة ولا تحسب مدة التأجيل ضمن فترة الانعقاد.

(المادة ٩١)

يعقد المجلس اجتماعاته في مقره بمدينة الدوحة. ويجوز للأمير دعوته للاجتماع في أي مكان آخر.

(المادة ٩٢)

يؤدي أعضاء مجلس الشورى قبل مباشرة أعمالهم أمام المجلس، وفي جلسة علنية اليمين التالية: (أقسم بالله العظيم أن أكون مخلصا للوطن

과 국법을 존중하며, 국민의 이익을 보호하고, 본인의 직무를 정직하고 성실하게 수행할 것을 위대한 알라께 맹세합니다.)

제93조

의회는 의회 임기의 첫 번째 회의에서 의원들 중 의장과 부의장을 선출하며, 2명 중 한 자리가 궐위되면 의회는 임기 말까지 그의 자리를 대리할 사람을 선출한다. 선거는 출석 의원 투표수의 절대 과반수 득표와 비밀투표로 이루어지며, 첫 번째에서 과반수에 이르지 못하면 출석 의원 투표수의 최다 득표자 2명 간에 재선거가 실시된다. 두 사람이 투표수에서 동수가 되면 그 두 사람은 두 번째 선거에 참여하며, 이 상황에서 선거는 상대 다수 득표로 결정된다. 한 사람 이상이 동일한 상대적 다수 표를 획득한다면 그들 사이에 제비뽑기로 선출이 이루어진다. 의장이 선출될 때까지는 최연장자 의원

وللأمير، وأن أحترم الشريعة الإسلامية والدستور والقانون وأن أرعى مصالح الشعب، وأن أؤدي عملي بأمانة وصدق.)

(المادة ٩٣)
ينتخب المجلس في أول اجتماع له، ولمدة المجلس، رئيسا ونائبا للرئيس من بين أعضائه، وإذا خلا مكان أي منهما انتخب المجلس من يحل محله لنهاية مدة المجلس. ويكون الانتخاب بالاقتراع السري بالأغلبية المطلقة لأصوات الأعضاء الحاضرين، فإن لم تتحقق هذه الأغلبية في المرة الأولى، أعيد الانتخاب بين الاثنين الحائزين على أكثر أصوات الأعضاء الحاضرين، فإن تساوى مع ثانيهما غيره في عدد الأصوات، اشترك معهما في انتخاب المرة الثانية، ويكون الانتخاب في هذه الحالة

이 회의를 주재한다.

제94조

의회는 연례 회기 시작으로부터 2주 이내에 직무에 필요한 위원회들을 의원들 중에서 구성한다. 이 위원회들에게는 의회의 다음 회기 초에 그들의 직무 결과들을 제출하기 위한 준비를 할 수 있도록 의회 휴정 동안 권한을 행사할 수 있도록 허용한다.

제95조

의회에는 의장, 부의장, 위원회 위원장들로 구성된 사무국이 있으며, 의회의 직무 수행을 지원하는 총사무국을 둔다.[27]

بالأغلبية النسبية، فإن تساوى أكثر من واحد في الحصول على الأغلبية النسبية، تم الاختيار بينهم بالقرعة. ويرأس الجلسة لحين انتخاب الرئيس أكبر الأعضاء سنا.

(المادة ٩٤)

يشكل المجلس من بين أعضائه خلال أسبوعين من بدء دور انعقاده السنوي اللجان اللازمة لأعماله، ويجوز لهذه اللجان أن تباشر صلاحيتها خلال عطلة المجلس تمهيدا لعرض نتائج أعمالها عليه في بداية دور انعقاده التالي.

(المادة ٩٥)

يكون للمجلس مكتب يتألف من الرئيس ونائبه ورؤساء اللجان، وأمانة عامة تعاونه على أداء مهامه.

제96조

의회의 질서 유지는 의회 의장의 권한이다.

제97조

슈라의회는 내부 질서, 의회에서의 직무진행방법, 위원회의 직무, 회기의 조직, 토의와 투표 원칙, 이 헌법에 명시된 기타 권한을 포함한 내규를 정한다. 의원의 법규 위반이나 합당한 이유 없이 의회나 위원회의 회기에 불참하는 것에 대해 규정하는 처벌을 내규로 정하고, 법률로 공포한다.

제98조

슈라의회의 회기는 공개이며, 의회 의원 3분의 1의 요구

(المادة ٩٦)

حفظ النظام في المجلس من اختصاص رئيس المجلس.

(المادة ٩٧)

يضع مجلس الشورى لائحته الداخلية متضمنه النظام الداخلي وطريقة سير العمل في المجلس، وأعمال لجانه، وتنظيم الجلسات، وقواعد المناقشة، والتصويت، وسائر الصلاحيات المنصوصة عليها في هذا الدستور. وتحدد اللائحة الجزاءات التي تقرر على مخالفة العضو للنظام، أو تخلفه عن جلسات المجلس أو اللجان بدون عذر مقبول، وتصدر اللائحة بقانون.

(المادة ٩٨)

تكون جلسات مجلس الشورى علنية، ويجوز

나 내각의 요구에 따라 비공개 개최가 허용된다.

제99조

의회 개최가 유효하기 위해서는 의원 과반수의 출석을 조건으로 하며, 출석자들 중에 의장과 부의장이 반드시 포함되어야 한다. 만일 정족수가 충족되지 않으면 그 회기는 다음 회기로 연기된다.

제100조

의회 결의들은 특정 과반수를 조건으로 하지 않는 경우, 출석 의원수의 절대 과반수로 통과되며 투표수가 동수이면 의장이 결정권을 갖는다.

عقدها سرية بناء على طلب ثلث أعضاء
المجلس أو بناء على طلب من مجلس الوزراء.

(المادة ٩٩)
يشترط لصحة انعقاد المجلس حضور أغلبية
أعضائه على أن يكون من بينهم الرئيس أو
نائب الرئيس، فإن لم يكتمل العدد المطلوب
تؤجل الجلسة إلى الجلسة التي تليها.

(المادة ١٠٠)
تصدر قرارات المجلس بالأغلبية المطلقة
للأعضاء الحاضرين، وذلك في غير الحالات
التي تشترط فيها أغلبية خاصة، وإذا تساوت
الأصوات يرجح الجانب الذي منه الرئيس.

제101조

슈라의회의 의원직은 다음과 같은 사유들에 의해 만료된
다:

    1. 사망이나 무능력

    2. 의원직 임기의 만료

    3. 사임

    4. 의원직 포기

    5. 의회 해산

제102조

의회 의원의 사임은 의회 의장에게 서면으로 이루어지며,
의장은 수락이나 거부를 결정하기 위해 의회에 사임을 제
출해야 한다.

이러한 사안과 관련된 규정은 내규로 정한다.

(المادة ١٠١)

تنتهي العضوية في مجلس الشورى بأحد الأسباب التالية:

١ – الوفاة أو العجز الكلي.

٢ – انتهاء مدة العضوية.

٣ – الاستقالة.

٤ – إسقاط العضوية.

٥ – حل المجلس.

(المادة ١٠٢)

تكون استقالة عضو المجلس كتابة إلى رئيس المجلس، وعلى الرئيس أن يعرض الاستقالة على المجلس ليقرر قبولها أو رفضها.

وتنظم اللائحة الداخلية الأحكام المتعلقة بهذا الشأن.

제103조

의원직의 박탈은 신뢰와 존경을 상실했거나, 선출되었던 의원직의 조건들 중 하나를 상실했거나, 의원의 의무들을 위반한 경우가 아니고는 의원 어느 누구에게도 허용되지 않는다. 의회의 의원직 박탈 결의는 의원 3분의 2의 다수로 공포되어야 한다.

제104조

아미르는 해산의 사유들을 규정하고 있는 칙령으로 슈라 의회를 해산한다. 그러나 동일한 사유들로 또 다시 의회를 해산하는 것은 허용되지 않는다. 의회가 해산되면 해산일로부터 6개월 이내에 새 의회 선거가 진행되어야 한다. 새 의회 선거가 진행될 때까지 아미르는 내각의 협조를 받아 입법권을 담당한다.

(المادة ١٠٣)

لا يجوز إسقاط عضوية أحد أعضاء المجلس إلا إذا فقد الثقة والاعتبار، أو فقد أحد شروط العضوية التي انتخب على أساسها، أو أخل بواجبات عضويته، ويجب أن يصدر قرار إسقاط العضوية من المجلس بأغلبية ثلثي أعضائه.

(المادة ١٠٤)

للأمير أن يحل مجلس الشورى بمرسوم يبين فيه أسباب الحل، على أنه لا يجوز حل المجلس لذات الأسباب مرة أخرى، وإذا حل المجلس وجب إجراء انتخابات المجلس الجديد في موعد لا يتجاوز ستة أشهر من تاريخ الحل. وإلى أن يجري انتخاب المجلس الجديد يتولى الأمير بمعاونة مجلس الوزراء سلطة التشريع.

제105조

1. 모든 의원은 법률 제안의 권리를 가지며, 모든 제안은 그 사안에 대한 검토와 의견 표명을 위해 의회의 소관 위원회로 회부되고, 그 이후에 그것을 의회에 상정한다. 의회가 법률안을 승인하면, 그 법률안은 초안의 형태로 정부로 이송되어 검토와 의견을 구해야 하며, 이는 동일 회기나 다음 회기 내에 의회로 환부된다.

2. 의회에 의해 거부된 모든 법률안은 동일 회기 내에 다시 제출하는 것이 허용되지 않는다.

제106조

1. 슈라의회가 가결하는 모든 법안은 재가를 위해 아미르에게 제출된다.

2. 아미르가 법안에 대한 재가를 거부하면, 제출된 날로부터 3개월 이내에 재가를 하지 않는 이의서를

(المادة ١٠٥)

١ – لكل عضو من أعضاء المجلس حق اقتراح القوانين، ويحال كل اقتراح إلى اللجنة المختصة في المجلس لدراسته وإبداء الرأي بشأنه، وعرضه على المجلس بعد ذلك، فإذا رأى المجلس قبول الاقتراح أحاله إلى الحكومة بعد وضعه في صيغة مشروع قانون لدراسته وإبداء الرأي بشأنه وإعادته للمجلس في دور الانعقاد ذاته أو الذي يليه.

٢ – كل اقتراح بقانون رفضه المجلس لا يجوز تقديمه ثانية في دور الانعقاد ذاته.

(المادة ١٠٦)

١ – كل مشروع قانون أقره مجلس الشورى يرفع إلى الأمير للتصديق عليه.

٢ – إذا لم ير الأمير التصديق على مشروع القانون، رده إلى المجلس في غضون ثلاثة

붙여 의회로 환부하여야 한다.

3. 어떠한 법안이 이전 조항에 명시된 기간 이내에 환
부되고, 슈라의회가 구성 의원 3분의 2의 동의로
그것을 다시 한번 더 가결하면 아미르는 그것을 재
가하고 공포한다. 아미르는 중대한 필요성이 있을
때 국가의 최상 이익이 실현될 수 있는 기간까지
이 법률에 대한 효력 정지를 명령할 수 있다. 법안
이 3분의 2의 동의를 얻지 못하면 동일한 회기 동
안 그것에 대한 재고는 허용되지 않는다.

제107조

일반 예산안[28]은 적어도 회계 연도 개시 2개월 전까지는
슈라의회에 제출되어야 하며, 이에 대한 의회의 승인이 없
이는 법적 효력이 있는 것으로 보지 않는다.

أشهر من تاريخ رفعه إليه مشفوعا بأسباب عدم التصديق.

٣ - إذا رد مشروع أي قانون خلال المدة المبينة في البند السابق وأقره مجلس الشورى مرة ثانية بموافقة ثلثي الأعضاء الذين يتألف منهم المجلس صدق عليه الأمير وأصدره. ويجوز للأمير عند الضرورة القصوى أن يأمر بإيقاف العمل بهذا القانون للمدة التي يقدر أنها تحقق المصالح العليا للبلاد، فإذا لم يحصل المشروع على موافقة الثلثين فلا يجوز إعادة النظر فيه خلال ذات الدورة.

(المادة ١٠٧)

يجب عرض مشروع الموازنة العامة على مجلس الشورى قبل شهرين على الأقل من بدء السنة المالية، ولا تعتبر نافذة إلا بإقراره لها.

슈라의회는 정부의 동의를 얻어 예산안을 변경하는 것이 가능하며, 회계 연도 시작 전에 새 예산의 승인이 통과되지 않으면 새 예산이 가결될 때까지 이전 예산이 효력을 갖는다. 예산 준비 방식과 회계 연도는 법률로 정한다.[29]

제108조

슈라의회는 공적 사안에 대해 정부에게 요구를 표명할 권리가 있으며, 정부가 이러한 요구를 채택할 수 없으면 의회에 그 사유를 설명해야만 한다. 의회는 정부 보고서에 대해 1회에 한해 의견을 제시할 수 있다.

제109조

슈라의회의 모든 의원은 그들의 권한 내에 있는 내부 사

ويجوز لمجلس الشورى أن يعدل مشروع الموازنة بموافقة الحكومة، وإذا لم يتم اعتماد الموازنة الجديدة قبل بدء السنة المالية عُمل بالموازنة السابقة إلى حين إقرار الموازنة الجديدة.

ويحدد القانون طريقة إعداد الموازنة، كما يحدد السنة المالية.

(المادة ١٠٨)

لمجلس الشورى حق إبداء الرغبات للحكومة في المسائل العامة، وإن تعذر على الحكومة الأخذ بهذه الرغبات وجب أن تبين للمجلس أسباب ذلك، وللمجلس أن يعقب مرة واحدة على بيان الحكومة.

(المادة ١٠٩)

لكل عضو من أعضاء مجلس الشورى أن

안들의 해명을 위해 총리와 장관들에게 질의를 할 수 있으며, 질의자만이 그들의 답변에 대해 한번 더 의견을 말할 권리가 있다.

제110조

슈라의회의 모든 의원은 그들의 권한 내에 있는 내부 사안에 대해 장관들에게 질의를 할 수 있으며, 그 질의는 재적의원 3분의 1의 동의가 없이는 허용되지 않는다. 질의에 대한 토의는 제시한 날로부터 적어도 10일 이후에 이루어지며 긴급한 상황인 경우와 그 기간의 단축에 대해 장관이 동의하지 않는 한 진행되지 않는다.

제111조

모든 장관은 부처 업무에 대하여 슈라의회 앞에 책임을

يوجه إلى رئيس مجلس الوزراء وإلى أحد الوزراء أسئلة لاستيضاح الأمور الداخلة في اختصاصاتهم. وللسائل وحده حق التعقيب مرة واحدة على الإجابة.

(المادة ١١٠)

لكل عضو من أعضاء مجلس الشورى أن يوجه استجوابا إلى الوزراء في الأمور الداخلة في اختصاصاتهم، ولا يجوز توجيه الاستجواب إلا بموافقة ثلث أعضاء المجلس، ولا تجرى مناقشة الاستجواب إلا بعد عشرة أيام على الأقل من توجيهه، إلا في حالة الاستعجال وبشرط موافقة الوزير على تقصير المدة.

(المادة ١١١)

كل وزير مسؤول أمام مجلس الشورى عن

지며, 그에게 제시된 질의에 대한 토론 이후가 아니고는 그 장관에 대한 불신임투표는 허용되지 않는다. 불신임투표는 장관의 요청이나 의원 15명이 서명한 요청서에 따라 이루어지며, 의회는 요청서 제출이나 요구를 표명한 날로부터 적어도 10일 전에 이 사안에 대한 그 (의회)의 결의를 공포할 수 없다. 장관에 대한 신임 철회는 의회를 구성하는 의원 3분의 2의 다수로 의결된다. 그 장관은 불신임을 결의한 날로부터 그의 직을 사임한 것으로 본다.

제112조
각료가 의회나 위원회 앞에서 의회의 권한 내에 있는 내부 사안들에 대해 행한 의견이나 진술에 대해 그를 처벌하는 것은 허용되지 않는다.

أعمال وزارته، ولا يجوز طرح الثقة عن الوزير إلا بعد مناقشة استجواب موجه إليه، ويكون طرح الثقة بناء على رغبته أو طلب موقع عليه من خمسة عشر عضوا، ولا يجوز للمجلس أن يصدر قراره في هذا الشأن قبل عشرة أيام على الأقل من تاريخ تقديم الطلب أو إبداء الرغبة، ويكون سحب الثقة من الوزير بأغلبية ثلثي الأعضاء الذين يتألف منهم المجلس. ويعتبر الوزير معتزلا الوزارة من تاريخ قرار سحب الثقة.

(المادة ١١٢)

لا تجوز مؤاخذة عضو المجلس عما يبديه أمام المجلس أو لجانه من آراء أو أقوال بالنسبة للأمور الداخلة في اختصاص المجلس.

제113조

   1. 현행범인 경우를 제외하고는 의회의 사전 승인 없
     이 슈라의회 의원에 대한 체포나 구금, 심문이나
     조사는 허용되지 않는다. 의회가 요청서가 도착한
     날로부터 1개월 이내에 허락 요청에 대한 결의를
     공포하지 않았다면 승인된 것으로 보며, 승인은 회
     기 중이 아닌 경우에 의회 의장에 의해 공포된다.

   2. 현행범인 경우에 의회는 위반 의원의 권리 때문
     에 채택한 절차들을 의회에게 통보해야만 하며,
     의회가 회기 중이 아닌 경우에 이의 사안과 관련
     된 첫 번째 회기에서 통지가 되도록 규정해야 한
     다.

제114조

슈라의회 의원직과 공직의 겸직은 허용되지 않으며, 헌법
에 의해 겸직이 허용된 경우는 예외이다.

(المادة ١١٣)

١ - لا يجوز في غير حالات التلبس القبض على عضو مجلس الشورى أو حبسه أو تفتيشه أو استجوابه إلا بإذن سابق من المجلس وإذا لم يصدر المجلس قراره في طلب الإذن خلال شهر من تاريخ وصول الطلب إليه اعتبر ذلك بمثابة إذن، ويصدر الإذن من رئيس المجلس في غير أدوار الانعقاد.

٢ - في حالة التلبس يجب إخطار المجلس بما اتخذ من إجراءات في حق العضو المخالف، وفي غير دور انعقاد المجلس يتعين أن يتم ذلك الإخطار عند أول انعقاد لاحق له.

(المادة ١١٤)

لا يجوز الجمع بين عضوية مجلس الشورى وتولي الوظائف العامة وذلك في ما عدا

제115조

슈라의회 의원들은 그들의 행위가 국가의 이익을 목표로
해야 하며, 그들의 이익이나 그들과 특별한 관계에 있는
자의 이익을 위해 어떠한 방식으로도 의원직을 이용하지
않아야 한다. 슈라의회 의원에게 허용되지 않는 행위는 법
률로 정한다.

제116조

의회의 의장, 부의장, 의원은 의회 앞에서 선서를 한 날로
부터 법률이 정하는 보수를 받는다.

الحالات التي يجوز فيها الجمع وفقاً للدستور.

(المادة ١١٥)
على أعضاء مجلس الشورى أن يستهدفوا في سلوكهم مصالح الوطن وألا يستغلوا العضوية بأية صورة كانت لفائدتهم أو لفائدة من تصله بهم علاقة خاصة، ويحدد القانون الأعمال التي لا يجوز لعضو مجلس الشورى القيام بها.

(المادة ١١٦)
يتقاضى رئيس المجلس ونائبه والأعضاء مكافأة يصدر بتحديدها قانون، وتستحق من تاريخ حلف اليمين أمام المجلس.

제4절
행정부[30]

제117조

장관직은 태생이 카타르 국적이 아닌 사람은 맡지 못한다.

제118조

내각은 총리의 제청에 따라 아미르령으로 구성되며, 아미르는 총리나 장관에게 하나 또는 더 많은 부처의 직무를 위임할 수 있다. 장관의 권한은 법률로 정한다.

제119조

총리와 장관들은 그들의 직무를 맡기 전에 아미르 앞에서 다음과 같은 선서를 한다:

الفصل الرابع
السلطة التنفيذية

(المادة ١١٧)

لا يلي الوزارة إلا من كانت جنسيته الأصلية قطرية.

(المادة ١١٨)

يكون تشكيل الوزارة بأمر أميري بناء على اقتراح رئيس مجلس الوزراء، ويجوز للأمير أن يعهد إلى رئيس مجلس الوزراء أو إلى أي من الوزراء بمهام وزارة أو أكثر. ويحدد القانون صلاحيات الوزراء.

(المادة ١١٩)

يؤدي رئيس مجلس الوزراء والوزراء أمام الأمير قبل توليهم مناصبهم اليمين التالية:

(나는 국가와 아미르에게 충성하고, 이슬람 샤리아와 헌법 그리고 국법을 존중하며, 국민의 이익을 최대한 보호하고, 정직하고 책임 있고 명예롭게 의무를 수행하며, 국가의 생존과 영토의 안전을 완전하게 수호할 것을 위대한 알라께 맹세합니다.)

제120조

내각은 이 헌법과 법률 조항이 정하는 바에 의하여 아미르가 그의 직무를 수행하고 권한을 행사하는데 협조한다.

제121조

이 헌법과 법률 조항이 정하는 바에 의하여 내각이 최고 행정 기구의 자격으로 내부와 외부의 모든 업무 관리를 담당한다.

(أقسـم بالله العظيم أن أكون مخلصاً للوطن
وللأمير، وأن أحترم الشريعة الإسلامية
والدستور والقانون، وأن أرعى مصالح الشعب
رعاية كاملة. وأن أؤدي واجباتي بأمانة وذمة
وشرف، وأن أحافظ محافظة تامة على كيان
البلاد وسلامة إقليمها.)

(المادة ١٢٠)
يقوم مجلس الوزراء بمعاونة الأمير على أداء
مهامه وممارسة سلطاته، وفقاً لهذا الدستور
وأحكام القانون.

(المادة ١٢١)
يناط بمجلس الوزراء، بوصفه الهيئة التنفيذية
العليا، إدارة جميع الشؤون الداخلية والخارجية التي
يختص بها وفقاً لهذا الدستور وأحكام القانون.

내각은 특별히 다음의 권한들을 담당한다:

1. 이 헌법의 규정에 의거하여 법률과 칙령을 제안, 법안 심의를 위해 슈라의회에 제출, 승인 시에 그것을 재가하고 공포하기 위해 아미르에게 상정.

2. 내각과 정부의 타 기관들이 입안한 시행규칙과 결의들의 승인.

3. 법률, 칙령, 시행규칙, 결의들의 시행을 감독.

4. 법률에 의거하여 정부 기구, 공적 단체와 기관의 설립과 조직을 제안.

5. 정부의 재정과 행정 조직에 대한 전반적인 통제.

6. 법률에 의거하여 아미르의 권한이나 장관들의 권한에 포함되지 않는 임명이나 해임이 있을 경우 공무원의 임명과 해임.

7. 법률에 의거하여 국내 안보의 안정과 국가 전

ويتولى مجلس الوزراء بوجه خاص، الاختصاصات التالية:

١ – اقتراح مشروعات القوانين والمراسيم، وتعرض مشروعات القوانين على مجلس الشورى لمناقشتها، وفي حالة الموافقة عليها ترفع للأمير، للتصديق عليها وإصدارها، وفقا لأحكام هذا الدستور.

٢ – اعتماد اللوائح والقرارات التي تعدها الوزارات والأجهزة الحكومية الأخرى، كل فيما يخصه، لتنفيذ القوانين بما يطابق أحكامها.

٣ – الإشراف على تنفيذ القوانين، والمراسيم، واللوائح، والقرارات.

٤ – اقتراح إنشاء وتنظيم الأجهزة الحكومية، والهيئات والمؤسسات العامة وفقا للقانون.

٥ – الرقابة العليا على سير النظام الحكومي المالي والإداري.

٦ – تعيين الموظفين وعزلهم متى كان التعيين

체 조직에 대한 보호를 보장하는 총칙 입안.

8. 이 헌법과 법률 규정들에 의거하여 국가 재정 관리와 공공 예산안 입안.

9. 경제 계획들과 이의 실행 방법 승인.

10. 해외에서 국가 이익을 보호할 수단과 국제적 관계와 외교적 문제를 유지할 수단에 대한 감독.

11. 매 회계 연도 초에 국내외에서 수행했던 중요 업무들에 대한 상세한 조사를 포함하는 보고서 준비. 이 보고서는 이 헌법이 명시하는 국가 정책을 지향하는 기본 원칙들에 의거하여 국가의 총체적인 부흥의 실현, 국가의 발전과 복지 원인들의 제공, 국가의 안전과 안정의 공고를 확고히 하는 수단들의 입안 계획을 포함해야 하며, 이 보고서의 비준을 위해 아미르에게 상정.

والعزل لا يدخلان في اختصاص الأمير، أو في اختصاص الوزراء وفقاً للقانون.

٧- رسم القواعد العامة الكفيلة باستتباب الأمن الداخلي، والمحافظة على النظام في أرجاء الدولة وفقاً للقانون.

٨- إدارة مالية الدولة، ووضع مشروع موازنتها العامة طبقا لهذا الدستور وأحكام القانون.

٩- اعتماد المشروعات الاقتصادية ووسائل تنفيذها.

١٠- الإشراف على طرق رعاية مصالح الدولة في الخارج، وعلى وسائل العناية بعلاقاتها الدولية وشؤونها الخارجية.

١١- إعداد تقرير في أول كل سنة مالية، يتضمن عرضا تفصيليا للأعمال الهامة التي أنجزت داخليا وخارجيا، مقرونا بخطة ترسم أفضل الوسائل الكفيلة بتحقيق النهضة الشاملة

12. 그 밖에 이 헌법이나 법률에 의해 부여된 여
   타 기능들.

제122조

장관들은 자신들의 권한 내에서 정부의 공공 정책을 집행
한다. 아미르는 총리와 장관들에게 그들의 권한에 포함된
사안들에 관한 보고서 제출을 요구할 수 있다.

제123조

총리와 장관들은 정부의 공공 정책 집행에 대해 아미르
앞에 연대 책임을 지며, 각각은 의무 수행과 권한 행사에

للدولة وتوفير أسباب تقدمها ورخائها، وتثبيت أمنها واستقرارها، وفقا للمبادئ الجوهرية الموجهة لسياسة الدولة المنصوص عليها في هذا الدستور، ويرفع هذا التقرير للأمير لإقراره.

١٢- أية اختصاصات أخرى يُخولها له هذا الدستور أو القانون.

(المادة ١٢٢)

على الوزراء تنفيذ السياسة العامة للحكومة، كل في حدود اختصاصه. وللأمير أن يطلب من رئيس مجلس الوزراء ومن الوزراء تقديم تقارير عن أي شأن من الشؤون التي تدخل في اختصاصاتهم.

(المادة ١٢٣)

رئيس مجلس الوزراء والوزراء مسؤولون بالتضامن أمام الأمير عن تنفيذ السياسة العامة للحكومة،

대해 아미르 앞에 개별 책임을 진다.

제124조

총리와 장관의 보수는 법률로 정하며, 총리의 경우에는 그
것과 다른 규정이 있지 않는 한, 장관들에 관한 기타 규정
이 적용된다.

제125조

총리는 각료회의의 의장직과 의사진행을 맡으며, 정부 기
구들의 통일성과 이들의 활동을 통합하기 위해 다른 부처
들 간의 업무 조정을 감독하고, 내각의 이름으로 또는 내
각을 대신하여 내각이 공포하는 결의에 서명을 한다. 이
헌법 규정에 의거하여 총리는 아미르령의 공포를 필요로
하는 사안들과 관련된 내각의 결의를 승인과 공포를 위해

وكل منهم مسؤول مسؤولية فردية أمام الأمير عن أداء واجباته وممارسة صلاحياته.

(المادة ١٢٤)

يعين القانون مرتبات رئيس مجلس الوزراء والوزراء، وتسري في شأن رئيس مجلس الوزراء سائر الأحكام الخاصة بالوزراء ما لم يرد نص على خلاف ذلك.

(المادة ١٢٥)

يتولى رئيس مجلس الوزراء رئاسة جلسات المجلس، وإدارة مناقشاته، ويشرف على تنسيق العمل بين الوزارات المختلفة تحقيقا لوحدة الأجهزة الحكومية وتكامل نشاطها، ويوقع، باسم مجلس الوزراء ونيابة عنه، القرارات التي يصدرها المجلس. ويرفع إلى الأمير قرارات المجلس المتعلقة بالشؤون التي

아미르에게 상정한다.

제126조

각료회의는 위원 과반수의 출석으로 유효하며 반드시 의장이나 부의장이 포함되어야만 한다. 내각의 논의는 비공개이며, 결의는 출석 위원 과반수의 찬성으로 공포된다. 표결이 동수일 때는 의장이 결정권을 가지며, 소수는 다수의 의견을 따른다.

제127조

내각은 업무 조직을 위한 내규를 정하며, 업무 수행을 돕는 총사무국을 둔다.[31]

يصدر بتحديدها قرار أميري، للتصديق عليها وإصدارها وفقا لأحكام هذا الدستور.

(المادة ١٢٦)
تكون اجتماعات مجلس الوزراء صحيحة بحضور أغلبية أعضائه على أن يكون من بينهم الرئيس أو نائبه، ومداولات المجلس سرية، وتصدر قراراته بموافقة أغلبية الأعضاء الحاضرين، وعند تساوي الأصوات يرجح الجانب الذي منه الرئيس. وتلتزم الأقلية برأي الأغلبية.

(المادة ١٢٧)
يضع مجلس الوزراء لائحته الداخلية لتنظيم أعماله وتكون له أمانة عامة تعاونه على أداء مهامه.

제128조

장관들은 직무를 맡는 동안 국가의 이익을 목표로 하며, 어떠한 방식으로든 자신들의 이익이나 특별한 관계에 있는 사람들의 이익을 위해 공직을 남용하지 말아야 한다. 장관들에게 금지된 직무들과 그들이 직책을 맡고 있는 동안 발생하는 행위들, 그들이 책임을 져야 할 행위들은 법률로 정하며, 또한 이 책임의 방식도 법률로 정한다.

(المادة ١٢٨)

على الوزراء أثناء توليهم مناصبهم أن يستهدفوا في سلوكهم مصالح الوطن، وألا يستغلوا مناصبهم الرسمية بأية صورة كانت لفائدتهم، أو لفائدة من تصله بهم علاقة خاصة. ويحدد القانون الأعمال المحظورة على الوزراء والأفعال التي تقع منهم أثناء توليهم مناصبهم وتستوجب مساءلتهم، كما يحدد طريقة هذه المساءلة.

제5절

사법부[32]

제129조

법주권(法主權)은 국가 통치의 기초이다. 사법부의 명예, 법관의 청렴과 공정은 권리와 자유를 위하여 보장된다.

제130조

사법권은 독립적이며, 다양한 유형과 심급의 법원에 부여된다. 법원의 판결은 법률에 의거하여 공포된다.

제131조

법관은 독립성을 가지며, 그들이 재판을 하는 데 있어서 법률 이외의 어떠한 권력도 그들에게 영향을 미치지 않는다. 재판이나 사법 절차에 대한 간섭은 어떠한 기관에게도

الفصل الخامس
السلطة القضائية

(المادة ١٢٩)

سيادة القانون أساس الحكم في الدولة. وشرف القضاء ونزاهة القضاة وعدلهم ضمان للحقوق والحريات.

(المادة ١٣٠)

السلطة القضائية مستقلة وتتولاها المحاكم على اختلاف أنواعها ودرجاتها، وتصدر أحكامها وفق القانون.

(المادة ١٣١)

القضاة مستقلون، لا سلطان عليهم في قضائهم لغير القانون، ولا يجوز لأية جهة

허용되지 않는다.

제132조

법원들의 다양한 유형과 심급, 그들의 권한은 법률로 정하고, 계엄령 상황이 아니고는 군사법원의 권한은 무장 군인과 보안군으로부터 발생하는 군 범죄로 제한된다. 이는 법률이 정하는 테두리 내에 있다.

제133조

법원의 공판은 법원이 공공질서나 공중도덕에 의거해 비밀로 결정한 경우 이외에는 공개이며, 모든 상황에서 판결의 선고는 공개 회의로 이루어진다.

التدخل في القضايا أو في سير العدالة.

(المادة ١٣٢)
يرتب القانون المحاكم على اختلاف أنواعها
ودرجاتها، ويبين صلاحياتها واختصاصاتها،
ويقتصر اختصاص المحاكم العسكرية، في غير
حالة الأحكام العرفية، على الجرائم العسكرية
التي تقع من أفراد القوات المسلحة وقوات
الأمن، وذلك في الحدود التي يقررها القانون.

(المادة ١٣٣)
جلسات المحاكم علنية إلا إذا قررت المحكمة
جعلها سرية مراعاة للنظام العام أو الآداب
العامة، وفي جميع الأحوال يكون النطق
بالحكم في جلسة علنية.

제134조

법관은 법률이 정하는 상황이 아니고는 면직시킬 수 없으며, 또한 법관과 관련된 규정과 그들의 징계에 관한 문제는 법률로 정한다.

제135조

재판청구권은 모든 사람들에게 보장된 불가침의 권리이며, 이 권리를 행사하는 절차와 방식은 법률로 정한다.

제136조

검찰은 사회의 이름으로 공소를 맡으며, 사법적 검열 사안들을 감독하고, 형법의 시행을 감시한다. 이 기구의 조직과 권한, 직무를 담당하는 자들과 관련된 조건과 보장책들은 법률로 정한다.

(المادة ١٣٤)

القضاة غير قابلين للعزل إلا في الحالات التي يحددها القانون، كما يحدد القانون الأحكام الخاصة بهم وينظم مساءلتهم تأديبيا.

(المادة ١٣٥)

التقاضي حق مصون ومكفول للناس كافة، ويبين القانون إجراءات وأوضاع ممارسة هذا الحق.

(المادة ١٣٦)

تتولى النيابة العامة الدعوى العمومية باسم المجتمع، وتشرف على شؤون الضبط القضائي وتسهر على تطبيق القوانين الجنائية، ويرتب القانون هذه الهيئة وينظم اختصاصاتها، ويبين الشروط والضمانات الخاصة بمن يولون وظائفها.

제137조

사법부에는 법원과 협력 기구들의 적절한 업무 진행을 감독하는 최고위원회가 있으며, 그 구성과 권한, 임무는 법률로 정한다.

제138조

행정쟁송 해결을 담당하는 소관 당국과 그 업무를 수행하는 조직과 방식은 법률로 정한다.

제139조

재판부들 간의 권한 충돌과 판결의 모순에 대한 해결 방식은 법률로 정한다.

(المادة ١٣٧)

يكون للقضاء مجلس أعلى يشرف على حسن سير العمل في المحاكم والأجهزة المعاونة لها، ويبين القانون تشكيله وصلاحياته واختصاصاته.

(المادة ١٣٨)

يحدد القانون الجهة المختصة بالفصل في المنازعات الإدارية ويبين نظامها وكيفية ممارستها لعملها.

(المادة ١٣٩)

ينظم القانون طريقة البت في الخلاف على الاختصاص بين جهات القضاء وفي تنازع الأحكام.

제140조

법률과 시행규칙의 합헌성과 관련된 분쟁의 해결을 담당하는 사법 기관은 법률로 정하며, 그 권한, 쟁송 방식, 후속 절차도 법률로 정한다. 또한 비합헌성에 대한 판결의 결과는 법률로 정한다.

(المادة ١٤٠)

يعين القانون الجهة القضائية التي تختص بالفصل في المنازعات المتعلقة بدستورية القوانين واللوائح، ويبين صلاحياتها وكيفية الطعن والإجراءات التي تتبع أمامها، كما يبين القانون آثار الحكم بعدم الدستورية.

제5장
최종 조항

제141조

아미르는 이 헌법을 공포하고, 이는 관보에 게재된 다음 날부터 효력을 갖는다.

제142조

법률은 재가 및 공포된 날로부터 2주 동안 관보에 게재되며, 동일한 법률에 다른 날짜가 명시되지 않는 한, 공포된 날로부터 1개월 후에 효력을 갖는다.

الباب الخامس
الأحكام الختامية

(المادة ١٤١)

يصدر الأمير هذا الدستور ويعمل به من اليوم التالي لتاريخ نشره في الجريدة الرسمية.

(المادة ١٤٢)

تنشر القوانين بعد المصادقة عليها وإصدارها في الجريدة الرسمية، وذلك خلال أسبوعين من تاريخ صدورها، ويعمل بها بعد شهر من تاريخ نشرها، ما لم ينص على تاريخ آخر في القانون ذاته.

제143조

이 헌법이 헌법 규정에 의하여 개정이 진행되지 않는 한 효력을 갖기 전에 공포된 법률과 시행규칙이 정한 것은 유효하게 효력이 지속된다. 카타르가 당사자가 되는 국제 조약과 협약 규정에 대한 위반이 헌법의 효력에 영향을 미쳐서는 안 된다.

제144조

아미르와 슈라의회 3분의 1의 의원들에게는 이 헌법의 하나 또는 더 많은 조항의 개정을 요구할 권리가 있으며, 의회 의원 과반수가 개정원칙에 동의하면 의회는 이를 한 조항 한 조항 이의 개정을 논의한다. 개정의 승인은 의회 의원 3분의 2의 동의를 조건으로 한다. 이(개정)에 대한 아미르의 승인과 관보에 공포한 이후가 아니고는 개정은 효력을 발생하지 않는다.

개정 요구안이 원칙이나 의제 때문에 거부된다면 이 거부

(المادة ١٤٣)

يبقى صحيحا ونافذا ما قررته القوانين واللوائح الصادرة قبل العمل بهذا الدستور ما لم يجر تعديلها وفقا لأحكامه. ولا يترتب على العمل بالدستور الإخلال بأحكام المعاهدات والاتفاقيات الدولية التي تكون الدولة طرفا فيها.

(المادة ١٤٤)

لكل من الأمير ولثلث أعضاء مجلس الشورى حق طلب تعديل مادة أو أكثر من هذا الدستور، فإذا وافقت أغلبية أعضاء المجلس على التعديل من حيث المبدأ، ناقشه المجلس مادة مادة. ويشترط لإقرار التعديل موافقة ثلثي أعضاء المجلس. ولا يسري التعديل إلا بعد تصديق الأمير عليه ونشره في الجريدة الرسمية. وإذا رفض اقتراح طلب التعديل من حيث

안에 대하여 1년이 지나기 전에 그것을 다시 제출하는 것
은 허용되지 않는다.

제145조

국가의 통치와 통치의 승계에 관한 규정의 개정 요구는
허용되지 않는다.

제146조

공공 권리와 자유에 관한 규정은 국민의 이익을 위한 더
많은 권리와 보장책의 증대를 허용하려는 목적이 아닌 경
우 그 개정의 요구는 허용되지 않는다.

제147조

이 헌법에 명시된 아미르의 권한은 그를 대리하는 기간
동안에는 개정 요구가 허용되지 않는다.

المبدأ أو من حيث الموضوع فلا يجوز عرضه من جديد قبل مضي سنة على هذا الرفض.

(المادة ١٤٥)
الأحكام الخاصة بحكم الدولة ووراثته لا يجوز طلب تعديلها.

(المادة ١٤٦)
الأحكام الخاصة بالحقوق والحريات العامة لا يجوز طلب تعديلها إلا في الحدود التي يكون الغرض منها منح مزيد من الحقوق والضمانات لصالح المواطن.

(المادة ١٤٧)
اختصاصات الأمير المبينة في هذا الدستور لا يجوز طلب تعديلها في فترة النيابة عنه.

제148조

이 헌법의 조항들 가운데 어떠한 개정의 요구는 그 조항이 효력을 발휘하는 날로부터 10년이 지나기 전에는 허용되지 않는다.

제149조

이 헌법의 어떤 규정에 대한 일시 정지는 계엄령이 시행되는 기간 동안과 법률에 명시된 경우가 아니고는 허용되지 않는다. 그러나 이 기간 동안 슈라의회 개최의 일시 정지나 의원들의 면책특권을 침해하는 것은 허용되지 않는다.

제150조

카타르에서 효력 중에 있는 1972년 4월 19일에 공포한 임시 개정 기본법은 폐지되며, 새 슈라의회 선출이 이루어질 때까지 현 슈라의회에 관한 규정의 적용은 유지된다.

(المادة ١٤٨)

لا يجوز طلب تعديل أي من مواد هذا الدستور قبل مضي عشر سنوات من تاريخ العمل به.

(المادة ١٤٩)

لا يجوز تعطيل أي حكم من أحكام هذا الدستور إلا أثناء فترة سريان الأحكام العرفية وفي الحدود التي يبينها القانون، غير أنه لا يجوز تعطيل انعقاد مجلس الشورى أو المساس بحصانة أعضائه خلال هذه الفترة.

(المادة ١٥٠)

يلغى النظام الأساسي المؤقت المعدل المعمول به في الدولة والصادر في ١٩٧٢/٤/١٩ وتبقى سارية الأحكام الخاصة بمجلس الشورى الحالي إلى أن يتم انتخاب مجلس الشورى الجديد.

주석

카타르 헌법

1   이슬람은 '복종하다, 순종하다'라는 의미를 지닌 아랍어 동사 '아슬라마'의 동명사형
으로 '복종함, 순종함'이라는 뜻이다. 이슬람교는 약 610년경 무함마드가 유일신 '알
라'의 계시를 받은 종교체험에 기반한 유일신 신앙 종교다. 오늘날 전세계에서 이슬
람을 믿는 무슬림의 수는 2010년을 기준으로 약 16억 명에 달하고, 세계 인구의 약
23%를 차지하는 것으로 추정된다(참고자료: Pew Research Religion & Public Life
Project. http://www.pewforum.org/2012/ 12/18/global-religious-landscape-exec/).

2   이슬람 샤리아는 이슬람법을 의미한다. 순니 이슬람 법학파에서는 꾸란, 하디스, 끼야스
(유추), 이즈마으(합의)를 4가지 법원(法源)으로 간주하고 있다.

3   아랍어는 아랍연맹 국가들의 모국어다. 이슬람의 경전인 꾸란이 아랍어로 계시되었다.
아랍어 화자 수는 전세계에 약 3억 5천만 명 가량이며, 아랍어는 국제사회에서 6대 유엔
공용어의 하나이고, 아프리카단결기구(OAU)의 공용어이기도 하다.

4   '무슬림 공동체'를 뜻한다. 그리스도교의 교회와 같이 신앙공동체를 나타내는 개념이다.

5   흰색과 밤색으로 되어 있으며, 흰색은 평화를 상징하고, 밤색은 19세기 후반에 겪은 여
러 전쟁 중에 흘린 피를 상징한다. 9개의 톱니 모양은 1916년 카타르와 영국 간 조약에
의해 걸프지역 내 9번째 국가로 탄생했음을 암시한다(국기는 표지 참조).

6   국기를 상징하는 큰 원 안에 노란 원이 있는 형식으로 바깥쪽 원 안쪽 상단에 밤색 아랍
어로 국명 카타르가 쓰여있고 노란색 바탕의 내부 원에는 아라비아 검 두 자루가 교차되
어 있고, 그 위로 푸르고 흰 바다 물결, 전통적인 나무 배, 야자나무 두 그루가 있는 섬이
그려져 있다.

7   국가명은 '앗살람 알아미리(Al‒Salām al‒Amīrī)'인데 우리말로 '아미르국의 평화'
라는 뜻이다. 가사는 세이크 무바라크 빈 사이프 알 사니, 곡은 압드 알아지즈 나시르 우
바이단이 각각 지었다. 1996년 채택되어 같은 해 카타르에서 개최된 걸프협력이사회 회
의에서 처음으로 연주되었다.

8 카타르 중앙은행은 본래 1971년 카타르 통화청으로 출범하였고, 1993년 8월 5일에 카타르 중앙은행으로 개명되었다.

9 공식 통화는 카타르 리얄(QAR)이고, 2015년 4월 6일 현재 1리얄은 321.87원이다. 카타르 통화는 1980년 이후 1달러 대비 3.64 카타르 리얄의 고정 환율을 실시하고 있다.

10 알 사니 가문은 사우디아라비아 남부 나즈드 지역에 정착하였던 타밈 부족 출신의 가문으로, 18세기 초에 카타르지역으로 이주하였다. 19세기에 지도자 무함마드 빈 알 사니의 통솔 아래 도하에 정착하여, 현재까지 카타르의 지배 가문으로 군림하고 있다.

11 아미르는 원래 지도자, 사령관이라는 뜻이다. 이슬람 초기 신앙인을 이끄는 지도자를 아미르라고 하였다.

12 카타르는 1971년 영국으로부터 독립을 선포하였는데, 헌법은 독립 이전인 1970년 4월에 공표되었고 그 후 개정되었다.

13 현재의 국왕인 셰이크 타밈 빈 하마드 알 사니는 왕세자였던 2013년 6월 25일, 부친 하마드 국왕이 양위한다고 전격적으로 발표함에 따라 권력을 이양 받았다. 중동 왕정 국가의 국왕이 생전에 왕위를 이양하는 것은 매우 이례적인 일이었다.

14 '풀고 묶는 사람들'이란 뜻인데, 국가의 중대한 일을 해결하고 결정하는 엘리트 집단을 의미한다.

15 아랍국가의 왕이나 대통령, 왕세자는 취임 시에 대부분 이와 유사한 선서를 하고 있다.

16 왕가 사람들로 구성된 왕가 협의 기구로, 구체적인 구성원에 대해서는 공개적으로 알려진 바 없다.

17 슈라는 협의체라는 뜻이다. 이슬람 공동체에서 '협의'는 구성원들의 의견을 수렴하기 위한 기구로 오늘날에도 아랍 각국의 의회는 대부분 '슈라'라는 명칭을 사용하고 있다.

18 카타르의 교육제도는 최고교육위원회와 교육부의 지도 감독을 받으며 공립학교의 수업료는 무료다. 교육단계는 초등학교 6년제, 중학교 3년제, 고등학교 3년제이다. 공립학교를 비롯한 사립학교, 국제학교가 다수 있으며 외국대학교의 분교들이 10여 개 이상 있다.

19 석유수출기구(OPEC) 통계에 따르면 2013년도 카타르 내 확인된 원유매장량은 252억 4400만 배럴, 천연가스는 25조 6810억 입방미터다. 같은 해 일일 원유생산량은 72만 3900 배럴, 가스는 1836억 9800만 입방미터다. 또 하루에 석유(원유포함)는 111만 배럴, 천연가스는 1228억 7400만 입방미터를 수출하였다. (참고자료: OPEC, Annual Statistical

Bulletin 2014, http://www.opec.org/opec_web/static_files_project/media/downloads/publications/ASB2014. pdf).

20 카타르의 슈라의회는 단원제이며, 의원수는 45명이다. 그 중 30명은 선출직이고 15명은 임명직이다.

21 카타르는 2014년 2월, 18세부터 35세 사이에 있는 남자들에 대한 의무병역제를 도입한다고 발표하였고, 약 2000명의 신병을 모집하여 훈련을 실시하였다.

22 카타르의 인구는 약 212만명이다. 아랍계 40%, 인도계 18%, 파키스탄계 18%, 이란계 10%, 기타 14%의 민족으로 구성되어 있다(참고자료: The World Fact Book. https://www.cia.gov/library/publications/the-world-factbook/geos/qa.html).

23 카타르군은 육·해·공 3군으로 구성되어 있다. 총군인수는 11,800명인데, 육군 8,500명, 해군 1,800명, 공군 2,100명이다(참고자료: 외교부 간행 카타르 개황, 2015.3).

24 2015년 4월 현재 총리는 2013년 6월 임명된 전 내무부장관 압둘라 빈 나세르 칼리파 알 사니(1959년생)다.

25 현재 의원 수는 35명이고, 여성의원은 없다. 2013년 선거를 통해 30명을 뽑고, 15명을 임명하여 모두 45명의 의원으로 구성된 의회를 구성하기로 하였으나 2013년 6월 전임 국왕이 왕권을 이양하면서 당시 의회의 임기를 연장함에 따라 무산되었다. 2016년 선거를 치러 의회를 구성할 계획이다.

26 1995년부터 2013년까지 집권한 하마드 전 국왕은 2003년 4월 영구 헌법안을 국민투표에 부쳐 96.6%의 찬성으로 통과되었다. 영구헌법은 모든 국민이 법률적으로 평등하고, 집회, 표현, 종교의 자유를 누리며, 여성의 참정권 또한 보장한다. 2005년 6월에 헌법이 발효되었다.

27 의장은 무함마드 빈 무바라크 알쿨라이피, 사무총장은 파하드 빈 무바라크 알카아린이다.

28 카타르의 2013-14년도 예산안은 세입 2180억 리얄(약 600억불), 세출 2106억 리얄(약 579억불)로 흑자 편성을 함. 이는 전 회계 연도 대비 약 18%가 증가한 액수임. 인프라 및 교육과 보건 분야에 전체 예산의 40%(약 206억불)를 배정하고 있다.

29 카타르의 회계 연도는 4월 1일부터 다음해 3월 31일까지다.

30 카타르의 행정부는 국방부, 내무부, 외무부, 경제상업부, 기부 및 이슬람 문제부, 문화에

술유산부, 에너지산업부, 환경부, 재무부, 정보통신기술부, 법무부, 노동부, 지방자치도시계획부, 사회문제부 등 20개 부처로 구성되어 있다.

31 부총리가 사무국의 수반이 되고, 사무총장은 부총리 휘하에서 사무국을 이끈다. 사무총장실을 포함하여 모두 7개의 산하부서가 서로 협조하여 원활한 국정운영을 돕는다.

32 사법부 독립을 위해 1999년에 최고사법위원회가 설립되었고, 3심제(원심, 상소심, 최고심)를 채택하고 있다. 이슬람 관련 사안에 대해서는 종교재판소인 샤리아법원이 있다. 또한 카타르 여성 권익보호를 위해 왕비 주도로 2006년에 가정법원이 설치되었다.

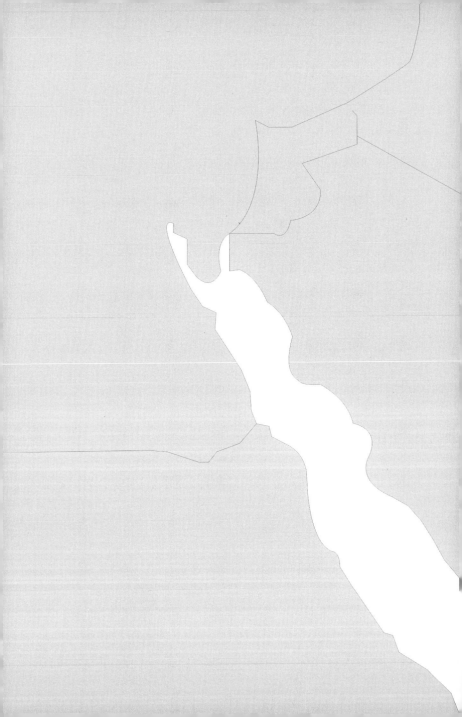

카타르,
바다 진주잡이 나라에서
검은 진주의 나라로!

1. 개관(약사)

국명	카타르(دولة قطر, State of Qatar), 아랍어명: 다울라트 까따르
최고 통치자 (아미르)	셰이크 타밈 빈 하마드 알 사니 (Shaykh Tamīm bin Ḥamad Āl Thānī, 2013.6.25. ~)
정부형태	국왕(아미르)을 국가 원수로 하는 아미르국(세습군주제)
수도	도하. 항구도시로, 카타르의 정치, 경제, 사회, 문화의 중심지
주요 도시	· 미사이이드(Misayʿīd): 석유화학산업도시 · 두칸(Dukhān): 유전지역 · 라으스 랏판(Raʾs Laffān): 가스 생산지역 · 알와크라(al-Wakrah): 도하 인근 해안도시
면적	11,521㎢(경기도 크기)
인구	216만 9천 명(2013년, World Bank). 아랍계 40%, 인도계 18%, 파키스탄계 18%, 이란계 10%, 기타 14%
국어	아랍어(영어 통용)
종교	이슬람 95%(대부분 순니파), 그리스도교 및 힌두교 5%
주요 산업	석유, 천연가스, 석유화학, 서비스업
GDP	2,025억 US \$(2013년, World Bank). 2013년 GDP 성장률은 6.13%였음
1인당 GDP (1인당 국민 총생산)	100,260 US \$(2013년, IMF 자료). 세계 3위 * 1인당 GNI(1인당 국민총소득): 85,550 US\$(2013, Atlas method)
화폐 단위	카타르 리얄(Qatar Rial) = 100디르함. US 1\$=3.64QR(2013년 현재, 고정환율제 채택)

군사력	총 12,400명(육군 8,500명, 해군 1,800명, 공군 2,100명)
기후	사막성 해양기후: 고온 다습한 여름과 온화한 겨울 · 12~2월: 10-25℃(겨울 기간은 짧으며 온화한 기후임) · 5~10월: 35-50℃(여름 기간은 다습하고 혹서임) · 3~4월, 11월: 20-36℃(우리나라의 봄 가을에 해당하는 이 기간에는 온화하고 바람이 많이 붊) 연중 강수량: 70㎜

공휴일	· 국경일: 12월 18일
	· 이드 알피트르(ʿĪd al-Fiṭr):
	  단식 종료제(2013년에는 8.7~ 8.17)
	· 이드 알아드하(ʿĪd al-Aḍḥā):
	  희생제(2013년에는 10.14~ 23)

국기와 국장	 〈국기〉　　　　〈국장〉 · 비율: 28:11 · 흰색은 평화, 밤색은 전쟁 중 흘린 피 상징 · 9개 톱니: 1916년 카타르-영국 조약에 의해 걸프지역에서 9번째 국가로 탄생했음을 상징

1) 바레인과 오스만제국의 식민시기

카타르(دولة قطر, State of Qatar)는 11,521㎢의 영토를 가진 작은 반도 국가로 아라비아반도 중동부 해안에서 북동쪽으로 뻗어있는 나라다. 2013년 카타르 인구는 192만 명으로 집계되는데, 이 중 카타르 시민권을 가진 국민은 27만 8천여 명에 불과하고, 외국으로부터 온 이주민이 160만 여명에 달한다. 1997년 인구조사 때는 52만 2천 명, 2000년에는 약 64만 명, 2004년에는 약 74만 4천 명이었다. 10년 만에 인구가 2.5배로 증가한 것이다.[1] 이들 인구 중 여성은 30% 내외이고, 인구의 83%가 도하(Doha)와 그 외곽도시 알라얀(al-Rayān)에서 살고 있다. 전 국민의 50% 정도가 도하에 거주한다.

카타르의 기후는 여름에는 뜨겁고 겨울에는 온화한 온건 사막 기후다. 강수량은 연 평균 70㎜로, 주로 10월과 3월 사이에 비가 내린다. 고고학 자료에 의하면, 카타르 반도에는 석기시대부터 사람이 살았다.[2] 1세기 중반에 대플리니우스(Pliny the Elder)[3]는 카타르 지역의 유목민들을 '끊임없이 물을 찾아 다닌다'는 의미의 카사르레이(Catharrei)로 언급한 바 있고, 가장 오래된 지도 중 하나인 프톨레마이오스 지도(the Map of Ptolemy)[4]에는 카타르 지도 끝(만의 멀미, the head of the bay)에 '카타라(Catara, Qatara)'라는 단어가 있는 것으로 보아 '카타르

(Qatar)라는 국명은 여기에서 유래한 것 같다.

7세기 중반에 카타르와 주변 지역은 알문디르 아랍인들(al-Mundhir Arabs)의 통치 하에 있었는데, 지도자 알문디르 이븐 사와 앗타미미(al-Mundhir ibn Sāwā al-Tamīmī)가 이슬람을 받아들였다. 14세기 압바스 시대(Abbasid Period)에 카타르는 바그다드의 칼리파에게 상당한 양의 재정 지원을 할 정도로 경제적 번영을 누렸고, 16세기에는 포르투갈 군을 축출하기 위해 오스만제국과 협동하였다. 아랍 전 지역이 오스만제국의 영토로 편입되어 있었던 약 4세기 동안 카타르도 오스만제국의 영토로 편입되었으나 실질적인 통제권은 지방 부족장들이 지니고 있었다.

18세기 중반에 타밈 부족(Tamīm tribe)의 일파인 사니 가문(Āl Thānī)이 아라비아 반도 중부의 나즈드 남부(southern Nazd) 지역으로부터 카타르 지역으로 이주해 올 당시, 이들보다 먼저 바니 칼리드(Banī Khālid) 가문이 카타르 해안을 따라 진주잡이와 무역을 하면서 정착촌을 형성하여 살고 있었다. 원래 베두인이었던 사니 가문은 그로부터 100여 년 후에 카타르 반도의 통치가문이 되었다. 1783년에 바레인의 칼리파 가문(Āl Khalīfa of Bahrain)이 카타르를 침략하여 부속지역으로 만들었다.[5] 1821년에 해적행위에 대한 응징 차원에서 영국의 동인도회사 함선이 도하를 공격하여 수백 명의 주민들이 도주하였다. 카타르 거주 반란 그룹들은 칼리파 가문에 대항하여 싸웠고, 바레인으로부터 독립을 시도하였다. 1825년에 부족장 무함마드 빈 사니(Muhammad bin Thānī)를 지도자로 하는 사니 가문이 주도권을 잡았다.

1867년에 바레인의 칼리파 가문이 카타르 반란자들을 진압하기 위해 대규모 해군을 알와크라(al-Wakrah)에 보냄에 따라 카타르-바레인 전쟁(Qatari–Bahraini War, 1867~1868)이 일어났고 바레인 군대가 도하와 알와크라를 점령하였다. 그러나 바레인의 침략은 1820년에 체결된 영국-바레인 조약(1820 Anglo-Bahraini Treaty)을 위반한 것이었다.[6] 이에 대해 영국은 1868년에 루이스 펠리(Lewis Pelly)를 보내 카타르와 바레인이 평화조약을 체결하도록 하였다. 영국은 협정을 위반한 바레인을 비난하는 대신에 카타르 대표와 협상을 시도하였다. 이 협상을 통해서 카타르는 바레인으로부터 분리되었고, 부족장 무함마드 빈 알 사니(Muḥammad bin Āl Thānī)가 카타르 반도 내 여러 부족을 대표하는 지위를 얻었다. 협정을 위반한 바레인에 대해 영국이 정치적 압력을 가함으로써 결국 1878년 12월 18일 카타르 국가가 설립되었다.[7] 그러나 1916년까지 카타르는 공식적인 영국 보호령이 아니었기 때문에 1871년에 사니 가문은 오스만제국의 통치를 받아들여야 했고,

1916년까지 정치적, 군사적으로 오스만제국의 영향권 아래 놓여 있었다.[8]

오스만제국의 바그다드 빌라야트(the Ottoman Vilayet of Baghdad)의 통치자 미다트 파사(Midhat Pasha)의 군사적, 정치적 압력을 받으면서 카타르에 거주하고 있던 사니 가문은 1871년에 오스만제국에 복속되었다. 오스만제국은 개혁(Tanzimat) 조치로 세금부과, 토지 등록제를 강요하였다. 1893년 3월, 와즈바 전투(the Battle of Wajbah)에서 부족장(Shaykh) 자심 빈 무함마드 알 사니(Jasim bin Muḥammad Āl Thānī, 이하 자심)가 오스만제국에 승리하였다. 비록 완전 독립을 획득하지는 못했지만 이 승리 덕분에 제국 내에서 자율성을 갖게 되었고, 훗날 카타르의 기반이 되는 조약을 맺을 수 있게 되었다. 카타르가 오스만제국의 영향 하에 있던 시기에 영국은 카타르와 페르시아만을 인도 식민지 내에서 이익을 얻기 위한 중간 이익지대(an intermediary vantage point)로 여겼다. 오스만제국이 독일 편에서 제1차 세계대전을 치르고 있던 1915년에 압둘라 빈 자심 알 사니(Abdullah bin Jāsim Āl Thānī, 이하 압둘라) 국왕은 오스만제국 군의 요새를 폐쇄하였다. 1916년에 카타르와 영국은 협정을 맺어 영국은 카타르 통치자를 보호하고, 카타르가 다른 강대국과 관계를 맺을 때는 영국의 허용을 받아야 한다고 규정함으로써 카타르는 영국의 위임통치령이 되었다.[9] 이 협정은 1934년에 확대, 수정되었으나 1991년 걸프전 이후 카타르에 대한 미국의 영향력이 확대되었다.

2) 영국 식민시기와 독립

제1차 세계대전 중에 카타르인들은 오스만제국에 저항하는 아랍반란(Arab revolt)에 참여하여 성공함으로써 오스만제국의 통치에서 벗어났다. 영국과 오스만제국은 압둘라를 카타르 대표로 승인하고, 그의 후손들이 카타르 반도 전체에 대한 통치권을 갖는 것에 합의하였다. 제1차 세계대전에서 오스만제국이 패배하고 영국과 프랑스 간에 체결된 사이크스-피코협정에 따라 오스만제국이 분할되면서 1916년 11월 3일 카타르는 영국의 위임통치령이 되었다. 같은 날 영국과 압둘라는 영국의 동의를 받지 않고 다른 강대 세력과 관계를 갖지 않겠다는 것과 외부 공격에 대해 영국이 카타르를 보호한다는 내용의 조약을 체결했다. 그로부터 20여 년이 지난 1935년 5월 5일, 영국과 압둘라는 영국이 카타르를 외세뿐 아니라 내부 세력의 공격에도 역시 보호한다는 조약을 체결하였다. 1939년에 처음으로 석유가 발견되었으나 채

굴은 제2차 세계대전까지 연기되었다.[10]

제2차 세계대전 이후, 특히 1947년 인도, 파키스탄이 독립하면서 영국 제국주의의 영향력은 줄어들었다. 1950년대에 석유 자원이 진주잡이나 어업을 대신하면서 카타르의 사회기반 시설에 대한 투자가 본격 추진되었다. 1961년 바레인이 독립하였고, 1968년에 영국은 3년 내에 페르시아만 지역에 정치적 개입을 하지 않겠다고 공식적으로 발표하였다. 영국이 1971년 말까지 걸프지역에서 군대를 철수할 것이라고 발표하자 카타르는 바레인 및 여타 7개 협정국(trucial states)과 연방을 구성하기로 합의하였다. 그러나 지역갈등으로 인해서 카타르와 바레인이 아랍에미리트연방(United Arab Emirates) 구성에 합류하는 것을 단념하였다. 카타르는 1971년 9월 3일 영국으로부터 독립하였다. 당시 지도자였던 아흐마드(Aḥmad bin ʿAlī Āl Thānī)는 1971년 9월 1일 제네바에서 카타르 독립국 수립을 선언하였다. 그러나 독립국 수립을 선언했던 아흐마드의 권력은 오래 가지 못하였다. 아흐마드가 이란을 여행 중이던 1972년 2월 22일, 그의 사촌 칼리파가 궁정 쿠데타를 일으켜 권력을 장악하였다. 궁정 쿠데타 당시 칼리파는 외교부 장관, 석유금융 장관, 교육문화 장관 역할을 수행하고 있었고, 군과 비밀경찰을 이끌고 있었다. 15년 이상 실질적인 통치자 역할을 하고 있던 중이었다. 칼리파 집권 시기인

1974년에 카타르석유회사(Qatar General Petroleum Corporation)가 국가의 모든 석유를 관리하게 되면서 카타르는 빠른 속도로 부유한 국가로 변신해 갔다.

독립 이후, 카타르는 국방을 위해 영국과 밀접한 관계를 유지하였고, 미국 및 프랑스와도 국방 관계를 확대시켰다. 1991년 걸프전 때에는 미군과 캐나다군이 도하에 주둔하였다. 사우디아라비아와 밀접한 외교관계를 유지하였으나 1990년대 들어서면서부터 양국 관계는 경쟁관계로 변화하기 시작하였다. 1991년에 카타르와 이란은 수자원 공급에 관한 협정을 체결하였고, 1993년에는 이스라엘과 PLO 간 오슬로 평화협정이 체결되자 카타르는 걸프 국가 중 최초로 이스라엘과 경제협력을 시작하여 제3자를 통해 텔아비브에 천연가스를 제공하였다. 곧 폐쇄되긴 했지만, 도하에 이스라엘 무역사무소도 설립되었다.

카타르는 1983년에 설립된 미 국방성의 지역통합전투지휘부(theater-level Unified Combatant Command)인 미국중앙통제(US Central Command, USCENTCOM) 본부 역할을 하며 2003년 미국의 이라크 침공의 주요 전초지가 되었다. 카타르는 미국 및 서구의 반 테러리즘 활동에 동참하였고, 2011년 NATO의 리비아 공습 전략, 시리아 내전 과정에서는 반정부군에 대한 주요 무기 공급자가 되었다. 또한 2012년에는 이란의 탄도미사일 발사 위협에 대비해 카타르에 미사일 방어 레이더 기지를 건설하였다. 카타르 아미르공군(Qatar Emiri Air Force) 소유인 알우다이드 공군기지(al-'Udayd Air Base)는 미국중앙통제본부(United States Central Command, USCC), 미공군의 379공군원정비행단(the 379th Air Expeditionary Wing of the USAF), 83원정공군단 RAF(the No. 83 Expeditionary Air Group RAF) 등이 사용하고 있다. 2006년에 도하에서 아시안 게임이 개최되었고, 2010년에 중동 최초로 2022 FIFA 월드컵 개최국으로 선정되었다.

2. 사니 가문의 통치권 형성과 정치변동

사니 가문은 고대 아랍 부족인 바니 타밈(Bani Tameem) 부족의 일파인데, 이들은 카타르 이주 초기에 북쪽 주바라(Zubara)에 정착하였다가 19세기 중반에 도하로 이주하였다. 사니(Thānī bin Muḥammad), 무함마드(Muḥammad bin Thānī), 자심(Jāsim bin Muḥammad Āl Thānī), 압둘라('Abdullah bin Jāsim Āl Thānī), 알리('Alī bin 'Abdullah Āl Thānī), 아흐마드(Aḥmad bin 'Alī Āl Thānī)로 통치권이 계승되었으나 아흐마드의 사촌인 칼리파(Khalīfa bin

Ḥamad Āl Thānī)가 아흐마드가 이란 여행 중이던 1972년 2월 22일 궁정 쿠데타를 일으켜 권력을 장악하였다. 통치 권력이 부자상속으로 이어져 왔으나 사촌으로 권력이 이동한 것이다. 칼리파 국왕 이후 현재까지 칼리파의 직계 후손들이 왕위를 이어오고 있다. 1995년 6월 27일, 칼리파 국왕이 스위스에서 휴가를 즐기고 있던 중 당시 왕세자이자 국방장관이었던 아들 하마드(Ḥamad bin Khalīfa Āl Thānī)가 또 다시 궁정 쿠데타를 일으켰다. 하마드는 군대, 내각, 이웃 국가들의 도움으로 평화적 쿠데타를 통해 아버지 칼리파 국왕(아미르)을 폐위하고 국왕이 되었다.

<표1> 사니 가문의 통치권 이양

이름	재임 기간	기타
사니 빈 무함마드 (Thānī bin Muhammad)	1825년에 카타르 정착 시작	
무함마드 빈 사니 (Shaykh Muhammad bin Thānī)	1850 ~1878.12.18	공무 중 사망
자심 빈 무함마드 알 사니 (Shaykh Jāsim bin Muhammad Āl Thānī)	1878 ~1913.7.17	공무 중 사망
압둘라 빈 자심 알 사니 (Shaykh ʿAbdullah bin Jāsim Āl Thānī)	1913.7.17 ~1949.8.20	왕권 양위. 1957.4.25. 사망
알리 빈 압둘라 알 사니	1949.8.20	왕권 양위

(Shaykh ʿAlī bin ʿAbdullah Āl Thānī)	~1960.10.24	1974.8.31. 사망
아흐마드 빈 알리 알 사니 (Shaykh Aḥmad bin ʿAlī Āl Thānī)	1960.10.24 ~1972.2.22	사촌 칼리파(Khalīfa)에 의해 폐위됨. 1977.11.25. 사망
칼리파 빈 하마드 알 사니 (Shaykh Khalīfa bin Ḥamad Āl Thānī)	1972.2.22 ~1995.6.27	아들 하마드(Ḥamad)에 의해 폐위됨.
하마드 빈 칼리파 알 사니 (Shaykh Ḥamad bin Khalīfa Āl Thānī)	1995.6.27 ~2013.6.25.	2013년 6월 왕세자 타밈 에게 왕권 양위
타밈 빈 하마드 알 사니 (Shaykh Tamīm bin Ḥamad Āl Thānī)	2013.6.25. ~2015년 현재	

* 국왕(아미르) 이름 앞에 붙이는 세이크(Shaykh)는 '통치자' 또는 '대통치자', 즉 부족장 들 (shaykhs)을 통제할 수 있는 힘을 가진 가장 강한 부족장을 통칭함.

위 통치자들의 이름 맨 뒤에 알 사니(Āl Thānī)가 들어가 있으며, 이는 18세기 초 카타르 에 들어오기 이전에 나즈드(Najd) 남부지역의 오아시스 기브린(Gibrin)에 정착해 살았던 사니 가문의 후손임을 나타내고 있음. 알 사니는 카타르에 처음으로 정착했던 사니 빈 무 함마드(Thānī bin Muḥammad)에서 유래함.

하마드 통치 하에서 알자지라(al-Jazīrah) 방송국 개국(1996년), 여성 참정권 및 지자체 선거권 부여(1999년), 최초 성문 헌법 초안 (2005년), 카타르 내 로마가톨릭교회 설립 인정(2008년) 등 일련의 개혁 조치들이 단행되었다. 2003년 8월 5일 하마드 국왕은 타밈 빈 하마드 알 사니(Tamīm bin Ḥamad Āl Thānī, 이하 타밈)를 왕세자 로 임명하였고, 왕위 18년째인 2013년 6월 25일에 타밈에게 왕위

를 이양, 타밈이 제8대 국왕이 되었다.[11]

헌법 상 사니 가문, 즉 하마드 빈 칼리파 빈 하마드 빈 압둘라 빈 자심(Ḥamad bin Khalīfa bin Ḥamad bin 'Abdullah bin Jāsim)의 남자 후손에게 왕위가 계승된다. 아미르가 아들 중 한 명을 왕세자로 지명하고, 아들이 없는 경우 아미르가 가문 중에서 남성을 왕세자로 지명한다(헌법 제8조). 또한 아미르가 왕세자를 임명할 때, 통치가문과 이슬람법학자들과 협의를 거쳐야 하고, 왕세자의 어머니는 카타르 무슬림이어야 한다는 조건을 충족시켜야 한다(헌법 제9조). 카타르는 1825년부터 시작된 사니 가문(Āl Thānī)이 통치하는 군주국으로, 독립된 입법부가 존재하지 않고 정당 설립도 금지되어 있다.

<그림1> 사니 왕가의 권력 이양도

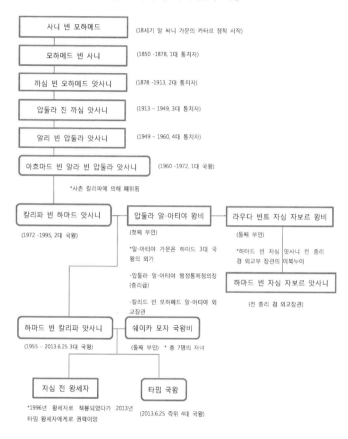

사니 빈 모하메드 (18세기 알 싸니 가문의 카타르 정착 시작)

모하메드 빈 사니 (1850 -1878, 1대 통치자)

까심 빈 모하메드 앗사니 (1878 -1913, 2대 통치자)

압둘라 진 까심 앗사니 (1913 – 1949, 3대 통치자)

알리 빈 압둘라 앗사니 (1949 – 1960, 4대 통치자)

아흐마드 빈 알라 빈 압둘라 앗사니 (1960 -1972, 1대 국왕)

*사촌 칼리파에 의해 폐위됨

칼리파 빈 하마드 앗사니
(1972 -1995, 2대 국왕)

압둘라 알-아티야 왕비
(첫째 부인)

*알-아티야 가문은 하마드 3대 국왕의 외가

-압둘라 알-아티야 행정통제청의장 (총리급)

-칼리드 빈 모하메드 알-아티야 외교장관

라우다 빈트 자심 자보르 왕비
(둘째 부인)

*하마드 빈 자심 앗사니 전 총리 겸 외교부 장관의 이복누이

하마드 빈 자심 자보르 앗사니
(전 총리 겸 외교장관)

하마드 빈 칼리파 앗사니
(1955 – 2013.6.25 3대 국왕)

쉐이카 모자 국왕비
(둘째 부인) * 총 7명의 자녀

자심 전 왕세자
*1996년 왕세자로 책봉되었다가 2013년 타밈 왕세자에게로 권력이양

타밈 국왕
(2013.6.25 즉위 4대 국왕)

3. 헌법 체계와 권력구조

영국으로부터 독립한 해인 1971년에 임시헌법이 제정되었고, 1972년에 시대 상황에 맞게 개정되었으며, 전 국왕 하마드 빈 칼리파 알 사니(Shaykh Ḥamad bin Khalīfa Āl Thānī)는 1996년 10월 22일에 헌법을 개정하여 타밈 빈 하마드 알 사니(Shaykh Tamīm bin Ḥamad Āl Thānī)를 왕세자로 임명하고, 겸직하고 있던 국가원수 겸 수상의 직책을 분리하여 세이크 압둘라 빈 칼리파 알 사니(Shaykh 'Abdullah bin Khalīfa Āl Thānī)를 수상으로 임명했다. 2003년 4월 29일에 유권자 96%의 찬성으로 영구헌법이 제정되었다.[12] 2003년 제정된 카타르 영구헌법은 5장 150조로 구성되어 있다.

2003년 헌법에 의하면, 카타르는 독립 주권아랍국가(an independent and sovereign Arab country)이고, 이슬람을 국교로 하며, 이슬람 샤리아가 법 제정의 기본 원칙이다(제1조). 언론·출판·결사의 자유 등 각종 자유권과 입법부·사법부·행정부 3권이 분립된 민주국가를 지향하고 있다.[13]

카타르에서 아미르(국왕)는 헌법 기구들의 수장으로서 입법권과 집행권을 갖고 있고, 총리와 장관 임명권 및 해임권, 군통수권, 국내외에서의 국가 대표권, 조약이나 협정의 체결권, 계엄령 선포권, 법률 공포권, 방어전쟁의 선포권, 국민투표 제안권, 슈라의회(مجلس الشورى) 소집권 등 많은 권한을 보유하고 있다. 장관위원회(the Council of Ministers, 각료회의), 즉 내각은 국가 최고 집행당국으로서 국가 정책 이행의 조력자이다. 장관위원회는 법률안을 제안할 권리를 가지고, 장관위원회가 제안한 법안과 칙서(decrees)는 슈라의회에 회부하며, 슈라의회는 이를 토론한 후 아미르에게 보내어 비준을 받는다.[14] 2003년 영구헌법에 의해[15] 45명의 의원(30명은 선거에 의해, 15명은 아미르가 임명하는 장관과 그 외 인물로 구성)으로 구성되는 슈라의회는 법을 초안하고 승인하는 매우 제한된 입법권만을 보유하고 있다.[16] 카타르는 걸프협력회의기구 국가들 중에서도 사우디아라비아 다음으로 가장 보수적인 이슬람사회로 알려져 있고, 이슬람 중에서도 엄격한 순니 와하비파(Wahhabi sect)에 속한 국가이다.

또한 카타르에는 매 4년마다 선출되는 29명의 중앙자치위원회(Central Municipal Council, CMC)가 있으나 이 기구는 중앙 자치체의 서비스 개선을 목적으로 하는 제한된 권한을 가진 자문기구이다.[17] 또한 국왕(아미르)이 통치가문 일원 중에서 임명하여 구성하는 통치가문위원회가 있다. 왕세자가 국가의 아미르로 선포되었으나 그가 18세 미만인 경우 통치가문위원회(مجلس العائلة

الحاكمة)가 선출하는 섭정위원회에 통치권이 이양된다(제14조~제16조). 입법부는 슈라의회(제61조, 제76조~116조), 행정부는 아미르(제62조, 제64조~75조, 제117조~128조), 사법부는 법원(제63조, 제129조~140조)[18]이 담당하는 3권 분립제도를 가지고 있으나, 실질적으로 아미르에게 권력이 집중되어 있는 군주제이다. 3권 외에 헌법상 통치가문위원회가 있다(제14~16조). 헌법 기관이 아닌 각종 최고위원회(supreme council)가 설립되어 있으며, 이 위원회는 '카타르 2022 월드컵 최고위원회'와 같이 필요에 따라 설립되고 있다.[19]

4. 경제 발전

20세기 초 카타르에는 진주, 낙타, 고기잡이에 의존하는 가난하고 작은 마을 몇 개만 있었다. 1907년에 27,000명의 거주민들은 도하와 알와크라에 거주하고 있는 유목민 부족의 일원이었는데, 이들 부족은 25개의 주요 씨족(clan)으로 구성되어 있었다. 그들 중 500명은 토착 시아 무슬림, 425명은 페르시아 시아 무슬림이었고, 그 외에는 모두 순니 무슬림이었다. 부족 대다수는 걸프 내

다른 지역에 구성원들을 지니고 있었고 자주 이동하였다. 1907년에 카타르에는 낙타 1,430마리, 말 250마리, 진주잡이 배 817척이 있었는데, 이 진주잡이 배에서 일하는 사람은 12,890명이었다. 셰이크(Shaykh)[20]는 진주잡이 배에 세금을 부과했으나, 알 사니(Āl Thānī) 셰이크들(shaykhs)의 세금은 면제해 주었다. 그들에게 세금을 부과한다면 그들을 통제할 수 없었기 때문이다. 또 동북 도시민들은 셰이크로부터 독립을 주장하면서 세금을 납부하지 않았다. 셰이크는 도하에서 진주잡이와 관세(4~7% 부과) 이외에 진주잡이에 투자하는 개인들로부터 얻는 수입과 셰이크 자신의 투자수입이 있었다.[21]

반도 국가의 지리적 이점을 활용하여 카타르에서는 중개무역 및 상업이 발달하였다. 동방에서 진주 수요가 증가하고 해안에서 양질의 진주가 채집되면서 카타르는 진주산업의 거점 지역으로 발전하였다. 그러나 카타르 무역의 규모는 작았고, 무역업자들 중에는 통치가문 사람들이 많았기 때문에 상인계급이 성장하지 못하였다. 또 석유가 생산되기 이전에는 노동계급도 형성되지 않았다. 석유가 생산되기 직전까지 카타르에는 제도화된 정치구조가 형성되어 있지도 못했고, 소수의 셰이크들, 즉 부족장들이 서로 경쟁하는 국가 이전(pre-state) 형태의 사회였다. 그러나 석유가 발견, 생산되면서부터 카타르는 석유를 기반으로 하는 '이슬람 봉건제적 석유지대국가' 성격을 가지게 되었다. 국가건설 과정에서 부족장들 간에 경쟁이 있었고, 당시 중동 패권국이었던 영국은 이러한 경쟁을 조정하면서 자국의 국익을 극대화하려고 하였다. 한편 상인 계급도 부족장, 영국과 우호관계를 통하여 자신 가계의 부를 축적하려고 하였다.

1930년대에 진주시장이 붕괴되면서 카타르 지역 주민들은 가난, 굶주림, 질병 등이 만연한 상황에서 어렵게 살고 있었다. 그러나 1935년 석유 탐사권을 부여 받은 카타르 석유개발회사(PDQ, Petroleum Development of Qatar)[22]가 1939년에 석유를 발견하였다. 당시 바레인에 본부를 두고 있었고, 도하의 유일한 정치적 후견인이었던 영국이 석유 생산을 지원하였다. 1949년에 처음으로 석유를 생산하면서부터 도하는 근대 도시로 탈바꿈하기 시작하였고, 석유화학 산업 및 건설 산업에 대한 적극적인 투자 및 해외 메이저 그룹들 및 기술 선진국들과의 합작 사업을 통해 카타르 석유 고갈 시기 및 탈 석유 시대에 대비하여 산업화에 박차를 가하고 있다. 또한 오일 달러를 의료시설 및 의료 인력 확보, 교육에 대폭 투자해 왔다.

카타르에서 생산되는 석유의 양이 많지는 않았지만 부족민들을 부유하게 하는 데에는 충분하였다. 석유 생산으로 벌어들인 수입은 현대적 삶의 기초를 구축하는 데 사용되었다. 1952년에 최초의 학교가 설립되었고, 의료 설비가 현대화되었다. 1959년에 전면적인 무상 치료 병원이 설립되었다. 몇 차례의 정변[23]과 국제적인 경제 위기에도 불구하고 카타르는 큰 어려움 없이 획기적으로 도약하였다. 특히 1970년대에 북부해안천연가스전(North Dome Gas Field) 개발로 LNG를 수출하면서 벌어들인 수입으로 매우 높은 경제성장률을 보였을 뿐 아니라 각종 인프라 구축, 교육과 문화사업 및 복지후생사업에 대한 투자 확대로 국민의 삶의 질은 빠른 속도로 높아졌다. 2011년에 North Field Alpha, AKG (Al-Khaleej Gas) 1단계, Dolphin 프로젝트 등을 통해 146.83bcm의 천연가스를 생산하여, 23.8bcm을 발전소 연료 등으로 자체 소비하고 나머지는 수출하고 있다. 라으스 가스와 카타르 가스의 2대 회사가 LNG를 생산하고 있으며, 한국이 1995년에 라으스 가스와 연간 492만톤의 장기수입계약을 체결함으로써 카타르 가스의 안정적인 개발에 크게 기여하였다.[24] 2012년을 기준으로 카타르의 천연가스 매장량은 이란(33.6tcm), 러시아(32.9tcm)에 이어 세 번째로 많은 25.1tcm이었다.[25]

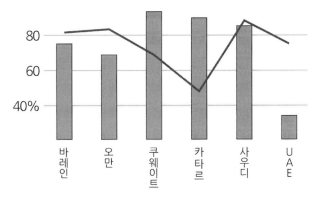

<그림 2-1> GCC 국가들의 탄화수소 수출과 세입구조(2010년)

꺾은선 그래프 : 탄화수소 세입/정부세입(%)
막대 그래프 : 탄화수소 수출량/전체수출(%)

　　<그림 2-1>과 같이 카타르를 포함한 GCC 국가들의 수출 및 세입 구조를 보면 탄화수소(hydrocarbon 석유, 가스)가 경제에서 차지하는 비중이 매우 높음을 알 수 있다. 국가별 차이는 있지만, 2010년에 탄화수소는 GCC 국가들 전체 수출의 25%를 차지하였고, 정부 예산의 60%를 차지하였다(Qatar Central Bank 2010, 26). 카타르의 경우, 천연가스 및 석유 부문이 2012년 명목 GDP 1920억 $ 중 58%, 서비스 부문이 29%, 제조업이 14%를 차지하였다(이권형 외 2013, 15-16). 이 수치는 2014년에도 큰 변화가 없을 것으로 판단된다. 카타르는 전체 수출 중 탄화수소의 비중은 높은 편이

나 정부 예산에서 차지하는 탄화수소의 비율은 다른 GCC 국가에 비해 비교적 낮은 편이다. 이는 그 동안 카타르가 경제 다변화정책을 꾸준히 추진해온 결과로, 경제구조의 건강성을 보여주는 것이다.

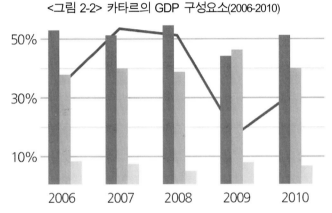

<그림 2-2> 카타르의 GDP 구성요소(2006-2010)

막대그래프의 왼쪽 : 탄화수소, 막대그래프 가운데 : 비탄화수소,
막대그래프 오른쪽 : 서비스, 꺾은선 그래프 : 실질GDP성장률
자료 : QCB An-nual Report 2010

<그림 2-3>도 카타르의 경제 다변화정책 효과를 보여주고 있다. 카타르의 GDP 변화 추이를 보면(<그림 2-3>) 유가 변동에 따라 GDP의 수치가 변하고 있음을 알 수 있다.[26]

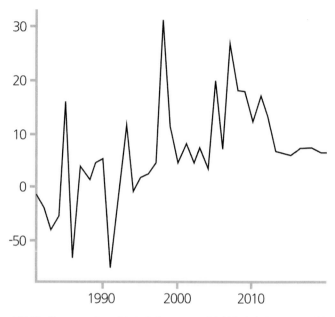

<그림 2-3> 카타르의 GDP 변화 추이

자료: http://www.quandl.com/c/qatar/qatar-economy-data#/c/qatar/qatar-economy-data

카타르의 2013년 국민총생산(GDP)은 2025.6 억 US\$(세계 51번째), GDP 성장률은 6.13%였다.[27] 2013년의 경우, 노동 인구의 산업별 고용 비율을 보면 서비스 분야에 46.8%, 제조업 및 공업(manu-facturing and industry) 분야에 51.9%, 농업 부문에 1.4%로 서비스 분야 고용 비율이 매우 높은 편이다. 2012년에 서비스산업이 카타르 실질 GDP의 31.2%를 차지했다. 이는 서비스, 제조업 중심의 선진국형 산업구조로 급격하게 변해 왔음을 보여준다. 또한 오일 달러를 바탕으로 전통 금융과 이슬람 금융을 조화롭게 발전시키면서 경제다변화 정책을 추진하고 있다.

오늘날 카타르는 사회적으로나 경제적으로 매우 역동적이다. 카타르는 '카타르 국가비전 2030(Qatar National Vision 2030,

<표2> 카타르 경제에 미치는 요인 분석

	긍정적 요인	부정적 요인
대외경제 요인	- 고유가 - GCC 상호의존률 - 호의적 국제 신용도	- 높은 곡물가 - GCC지역의 정치 위기
국내경제 요인	- 대규모 펀드에 대한 낮은 의존성 - 높은 은행 수익성 - 높은 비율의 보험 위험도 - 낮은 펀드 비용 - 낮은 지불 집중도	- 국가 신용도 하락 가능성 - 법인 공탁 집중도 - 수입 다양성의 제한 - 높은 노우드 위험(High Node risk)

자료: Qatar Central Bank(2010).
Financial Stability Review 2010. 정상률 2012, 64 재인용

QNV)'을 실현하기 위한 '국가발전전략 2011-16(National Development Strategy 2011-16)' 5개년 계획을 세워 추진 중이다. 카타르 항공사의 취항노선을 확대하는 등 중동지역 항공 허브 국가로 발전하는 계획을 추진 중이고, 올림픽 유치 비리 의혹이 제기되기는 했지만, 중동에서는 최초로 2022 FIFA 월드컵 개최지로 선정되는 등 다양한 분야에서 국제적인 신뢰를 확보해 가고 있다.

5. 한-카타르 관계

한국과 카타르는 1974년 수교했으며, 1976년에 주카타르 한국대사관, 1992년에 주한 카타르대사관이 설립되었다.[28] 2014년은 한-카타르 외교관계 수립 40주년이 되는 해이다. 1984년 1월 칼리파 국왕, 1999년 4월 하마드 국왕, 2009년 5월 타밈 왕세자, 2014년 11월 타밈 국왕이 각각 방한하였고, 주요 인사들 역시 자주 우리나라를 방문하였다. 2001년 이한동 국무총리, 2005년 11월 이해찬 총리, 2007년 3월 노무현 대통령, 2008년 11월 한승수 국무총리, 2012년 2월 이명박 대통령, 2015년 3월 박근혜 대통령 등 우리나라의 주요 인사들이 카타르를 방문하여 양국간 긴밀한 협력관계를 구축하였다. 반기문 전 외교부 장관이 UN 사무총장으로 입후보했을 때, 아랍지역 유일 안보리 비상임이사국이었던 카타르는 반기문 후보를 적극 지지하였고, 2014 평창동계올림픽 및 인천아시안게임 선정 시에도 우리를 지지했던 것으로 알려지고 있다.

<표3> 한국과 카타르 주요 인사의 상호 방문 및 양자협정 현황

한국 주요 인사의 카타르 방문		카타르 주요 인사의 한국 방문	
2001.5	이한동 국무총리	1984.1	칼리파 국왕
2001.11	황두연 통상교섭본부장 제	1996.2	하마드 외교부 장관
	4차 WTO 각료회의 참석	1999.4	하마드 국왕
2003.1	신국환 산자부 장관	2002.4	카말 재무부 장관
2004.2	대통령 특사 강동석 건교	2002.9	알아티야 부총리 겸 에너지
	부 장관		장관 연간 1차례 정례 방문
2005.11	이해찬 국무총리		중
2006.5	반기문 외교부 장관 제5	2002.10	타밈 왕세자 제14회 부산아
	차 ACD 회의 참석		시안게임 참석
2007.3	노무현 대통령	2006.8	알아티야 총참모장
2008.11	한승수 국무총리	2006.9	조안 왕자 제15회 도하아시
2009.10	주강수 한국가스공사 사장		안게임 성화 봉송
2009.10	강희락 경찰청장	2007.1	하마드 총리 겸 외교부 장관
2009.11	유영학 보건복지부 차관		모자 국왕비
2009.11	이용걸 기획재정부 차관	2008.7	알아티야 부총리 겸 에너지
2009.11	이재오 국민권익위원장		장관
2010.1	권도엽 국토해양부 차관	2008.11	타밈 왕세자(알아티야 부총
2011.1	정몽준 의원(축구협회명예		리가 수행)
	회장)	2009.5	알아티야 부총리 겸 에너지
2011.3	이만의 환경장관(대통령특		장관
	사)	2009.11	압둘라흐만 도시계획부 장관

2012.2	이명박 대통령	2010.4	알아티야 부총리 겸 에너지 장관
2012.3	권도엽 국토해양부 장관		
2012.5	홍석우 지식경제부 장관	2010.10	압둘라흐만 도시계획부 장관(ITS회의)
2012.12	유영숙 환경부 장관, 박재완 기재부 장관	2010.10	칼리드 국제협력담당국무장관 (국왕특사)
2013.1	한만희 국토부 차관		
2013.5	김정훈 국회정무위원장	2010.11	칼리드 알아티야 외교담당 국무장관
2013.8	정홍원 국무총리		
2015.3	박근혜 대통령	2011.10	타밈 왕세자
		2011.11	알아티야 행정통제청 의장
		2012.5/10	(총리급) (95년 이래 거의 매년 공식·비공식 방한)
		2013.2	앗사다 에너지산업부장관(경축특사)
		2014.11	타밈 국왕

양자 협정 현황:
- 경제·기술·무역협력협정 : 1984.4 서명, 1984.6 발효
- 문화협력협정 : 1987.7 서명, 1988.6 발효
- 투자보장협정 : 1999.4 서명, 1999.5 발효
- 항공협정 : 2005.11 서명, 2009.2 발효
- 이중과세방지협정 : 2007.3 서명, 2009.4.15 발효
- 치안협력협정 : 2009.10 서명, 2010.1 발효

자료: 주카타르 한국대사관 홈페이지. "카타르 개황 2013." 52-53.
(http://qat.mofa.go.kr/korean/af/qat/information/document/index.jsp)

우리나라는 카타르로부터 LNG와 원유,[29] 석유화학제품, 부탄, 프로판을 수입하고, LNG 선박, 자동차, 전자기기, 철강제품, 고무류 등의 수출하고 있으며, 건설사업[30]을 수주해 왔다. 장래 더 다양한 분야에서 양국 간 다차원적인 교류가 확대 심화될 것이다.

주석

카타르, 바다 진주잡이 나라에서 검은 진주의 나라로!

1 석유를 발견 생산하면서 카타르의 인구는 급격히 증가하였음. 석유 생산 이전 카타르 인구는 3만 명 이하였으나 1971년 인구는 11만 2천명으로 급증하였음(Halliday 2002, 447). 석유생산 이후 외국으로부터 이민자가 급격히 유입됨으로써 인구가 증가하였음.

2 1965년과 1975년에 덴마크 고고학자들이 카타르의 중서부 해안 지역인 움 바브(أم بـاب)에서 200여 점의 선사시대 유물을 발견하였음. 그 외 유물들도 움 타까(أم طفة), 미사이이드(مسيعيد) 등 해안에서 발견되었음(Qatar Year Book 2006, 26).

3 로마의 정치가·박물학자·백과 사전 편집자.

4 프톨레마이오스(Ptolemy)는 그리스 지리학자. 고대 무역항으로 믿고 있었던 알 주바라(الزبارة)를 언급하면서 그가 작성한 아라비아 지도에 '카타라(Catara, Qatara)'라는 용어를 사용함.

5 카타르 지역은 1783년부터 1868년까지 바레인의 통치 하에 있었음.

6 1820 영국-바레인 조약이란 '1920 일반해양조약(The General Maritime Treaty of 1820)'을 말하며, 1920년 1월에 영국의 대표 윌리암 케르(William Keir)와 아부 다비(أبو ظبي), 샤르자(الشارقة), 아즈만(عجمان), 움무 알꾸와인(أم القيوين)의 통치자들이 맺은 조약으로 다음 달인 2월에 바레인도 조약에 서명하였음. 주요 내용은 페르시아만에서 해적행위 금지, 노예 소유 금지, 모든 선박을 영국군에 등록할 것 등이었음.

7 카타르는 12월 18일을 국경일로 정하여 경축하고 있음.

8 오스만제국은 1871년부터 1916년까지 카타르를 통치하였음. 1872년에 자심(جاسم بن محمد آل ثاني)은 도하에 오스만제국 군 요새를 허용하는 조약에 서명하였음. 그러나 그는 1913년 사망 시까지 영국 편에서 오스만제국에 반대함으로써 독립성을 유지하면서 지역을 통제할 수 있었음. 19세기 말과 20세기 초까지 자심은 지역 부족들을 완전히 통제하지는 못했지만 아라비아반도 동부 지역에서 큰 영향력을 가지고 있었음.

9 이 협정에서 압둘라(عبد الله بن جاسم آل ثاني)는 다음과 같은 내용에 동의하였음. ① 노예제도,

해적행위, 총포화약의 밀수입을 통제하고, 해상에서의 평화를 유지함. ② 영국의 동의 없
이는 어떤 다른 강대국과도 관계를 맺지 않고 국토, 진주잡이, 토지사용권(concession)을
양도하지 않음. ③ 카타르인보다 영국인에게 관세를 더 높게 부과하지 않음. ④ 영국을
정치적 대리인(Political Agent)으로 받아들이고, 영국 전신전화국을 설치하며, 영국인이
평화적으로 무역하는 것을 허용함.

대신에 영국은 ① 바다를 통한 카타르 침공을 방어함. ② 육지를 통한 공격에 대해 영국
의 선진 관청을 이용함. ③ 압둘라가 무기를 수입하는 것을 허용함.

10 카타르의 석유탐사 작업은 1935년부터 1949년까지 14년 간 계속되었음. 1939년 말에
두칸(دخان)에서 석유가 발견되었으나 제2차 세계대전 발발과 그 영향으로 인하여 석유탐
사는 4년(1942~1946) 동안 중단되었음. 1949년에 상업적 가치가 있는 정도의 양이 발견
되었고, 그 해 12월에 처음으로 원유 수출이 시작되었음.

11 혹자는 아흐마드(أحمد بن علي آل ثاني)를 제1대 국왕으로 보기 때문에 타밈(تميم بن حمد آل ثاني)을
제4대 국왕으로 표기함. 아흐마드 이전의 세이크들(Shaykhs), 즉 무함마드 빈   사니
(محمد بن ثاني)에서부터 알리 빈 압둘라 알 사니(علي بن عبد الله آل ثاني)까지를 '통치자'로 표기
함.

12 1999년 하미드 빈 칼리파 알 사니(حمد بن خليفة آل ثاني) 국왕은 국왕 칙서(decree No.11)를
발표하여 영구헌법 초안위원회(a drafting committee of the permanent constitution)를 구
성했고, 이 위원회는 2002년 7월 2일에 국왕에게 영구헌법 안을 제출했음. 2003년 4월
29일 국민투표를 통해 이 헌법은 채택되었음.

13 헌법 상 권력이 분배되어 있으나 실제에 있어서는 아미르에게 권력이 집중되어 있는 군
주제임.

14 카타르 헌법상 슈라의회는 '입법권을 담당하며, 국가의 일반 예산을 승인(제76조)'하는
역할을 함. '슈라의회가 가결하는 모든 법안은 재가를 위해 아미르에게 제출하고(제106
조 1항)' '아미르가 법안에 대한 재가를 거부하고, 이의서를 첨부하여 의회로 환부할 경
우, 재적의원 2/3로 재 가결하면 아미르는 그것을 재가하고 공포한다(제106조 2항).' 그
러나 2014년 현재까지 국민직선의 슈라의회가 구성되어 있지 않으며(아미르가 임명함),
정당활동도 금지되어 있기 때문에 아직까지는 입법권을 가진 우리의 의회와는 다른 자
문위원회 정도의 역할을 하고 있는 것으로 분석됨.

15 카타르는 1970년에 잠정헌법이 제정되었고, 1971년 독립국이 수립되면서 1972년에 제1
차 헌법 개정을 단행했음. 2003년에 다시 한 번 유권자 96.6%의 동의로 헌법을 제정하
여 영구헌법(permanent constitution)을 채택했음. 2003년 영구헌법은 2005년 6월 8일부
터 발효되었음.

16 슈라의회는 법안을 초안하고 승인하는 자문 정도의 역할을 하고 있기 때문에 자문의회
(Consultative Assembly), 또는 자문위원회(Advisory Council)로 불리기도 하며, 법안에
대한 최종 결정권은 아미르에게 있음. 2013년 하반기에 슈라의회 의원을 국민투표로 선
출하기로 되어 있었으나 하마드 국왕이 아들 타밈에게 왕권을 양위하면서 3년을 연기한
상태임. 하마드 국왕은 2012년 슈라의회 의원들을 직접 임명했음.

17 1999년에 최초로 중앙자치위원회 위원들이 선출되었음. 중앙자치위원회 선거에서 여성
은 선거권과 피선거권을 가짐. 중앙자치위원회는 헌법 기관이 아님.

18 헌법에 사법권의 독립에 대한 내용이 규정되어 있으나(제130조), 법관 임명에 관한 내용
은 규정되어 있지 않음.

19 2014년 7월 현재 최고경제투자위원회, 최고가족위원회, 최고정보통신기술위원회, 최고
보건위원회, 최고교육위원회, 최고사법위원회, 최고개발계획위원회, 카타르 2022 월드컵
최고위원회(Qatar 2022 Supreme Committee)가 설립되어 있음.

20 부족장들 중 가장 권위 있는 부족장, 즉 대부족장.

21 1920년대 일본에서 인조 진주가 생산되면서 천연 진주시장은 붕괴되기 시작하였음
(Crystal 1995, 113).

22 PDQ는 이라크석유회사(IPC, Iraq Petroleum Company)의 자회사이고, IPC는 미국, 영국,
프랑스의 석유 산업이 공동으로 소유하고 있었음. PDQ는 오늘날 국영 카타르 총석유회
사(QGPC, Qatar General Petroleum Corporation)의 전신임(Robison & Greenway 2000,
158).

23 석유가 생산되던 1949년에 압둘라는 아들 알리(علي بن الله آل ثاني)에게 국왕직(아미르)을 이
양했으나, 알리는 1950년대 중반부터 조카 칼리파(خليفة بن حمد آل ثاني)에게 중요한 정부 공
직 대부분을 맡기기 시작했고, 1960년에 아들 아흐마드에게 아미르 자리를 넘겼음. 그
러나 아흐마드도 아버지가 그랬던 것과 같이 정무에 전념하지 못하였음. 결국 1972년
거의 모든 정무를 전담하고 있던 4촌 칼리파가 일종의 궁정 쿠데타인 가문회의를 통해

국왕직에 올랐음. 칼리파도 1995년 6월 27일 아들 하마드의 쿠데타로 물러났음. 하마드는 2013년 6월 25일 아들 타밈에게 권력을 이양하였음.

24 BP 통계 원용. 주 카타르 한국대사관 홈페이지. "카타르 개황 2013" 재인용.

25 BP 2013, 20; 이권형 외 2013, 19 재인용.

26 2008년에 유가가 급격히 상승하였고, 2009년 이후 안정세를 보이고 있다.

27 2005~2009년 중 실질 GDP 증가율은 평균 17.4%를 기록했음. 카타르의 실질 GDP 성장률은 2008년 25.4%, 2009년에 8.7%, 2010년 16.7%, 2011년 13.5%, 2012년 6.3%의 GDP 성장률을 기록하였음. 2012년 이후 하향 안정세를 보이고 있고, 2008년 미국 발 모기지론 사태와 유럽 발 경제위기로 세계경제가 급격하게 경색되었던 시기였음에도 불구하고 카타르가 괄목할 만한 성장을 기록했음을 알 수 있음.

28 북한과는 1993년 1월에 수교함.

29 2012년의 경우, 총 LNG 수입의 30.3%, 전체 원유 수입의 12%를 차지함.

30 1976년에 정우개발이 제철소 공사로 최초 진출한 이래 2012년 말 기준 총 88건, 약 141억불 수주함.

참고문헌

Crystal, Jill. 1990. *Oil and Politics in the Gulf: Rulers and Merchants in Kuwait and Qatar*. Cambridge, Cambridge University Press.

Crystal, Jill. 1995. *Oil and Politics in the Gulf: Rulers and Merchants in Kuwait and Qatar*. Cambridge, Cambridge University Press.

Halliday, Fred. 2002. *Arabia without Sultans*. London: Saqi Books.

Department of Information and Research Ministry of Foreign Affairs. 2007. *Qatar Year Book 2006*. Doha.

Robison, Gordon & Greenway, Paul. 2000. *Bahrain, Kuwait & Qatar, London*. Lonely Planet.

Qatar Year Book 2006.

Qatar General Secretariat for Development Planning. 2011. Qatar *National Development Strategy* 2011-16. GSDP: Qatar.

Qatar Statics Authority. 2011. *Foreign Investment Survey in Qatar 2009*. QSA: Qatar.

주카타르 한국대사관 홈페이지. " 카타르 개황 2013 " http://qat.mofa.go.kr/korean/af/qat/information /document/index.jsp

KOTRA 해외비즈니스정보포털. "2013년 카타르 시장, 이것이 바뀐다"

http://www.globalwindow.org/gw/overmarket/GWOMAL020M.html?BBS_ID=10&MENU_CD=M101 48&UPPER_MENU_CD=M10147&MENU_STEP=3&ARTICLE_ID=2160617&ARTICLE_SE= 20301

카타르 국제 이슬람은행(Qatar International Islamic Bank) 홈 페이지 http://www.qiib.com.qa /qiib/ en/

이권형·손성현·장윤희·이용호. 2013. 전략지역심층연구 13-25. 「카타르의 주요 산업」. KIEP. Kotra.

정상률. 2004. "카타르의 정치변동과 정치발전," 「중동연구」 제23권 1호.

정상률. 2012. "카타르의 금융정책 분석," 「중동문제연구」 제11권 4호.

홍미정·김정명·최재훈·박찬기. 2011. 『카타르의 형성과 발전』. 성남: ㈜애틀러스 리서치앤컨설팅 출판부.

찾아보기

명지대학교중동문제연구소 중동국가헌법번역HK총서04

카타르 헌법

등록 1994.7.1 제1-1071
1쇄 발행 2015년 4월 30일

기 획   명지대학교 중동문제연구소(www.imea.or.kr)
옮긴이   김종도 정상률 임병필 박현도
감 수   김주영
펴낸이   박길수
편집인   소경희
편 집   조영준
디자인   이주향
관 리   위현정
펴낸곳   도서출판 모시는사람들
        110-775 서울시 종로구 삼일대로 457(경운동 수운회관) 1207호
전 화   02-735-7173 02-737-7173 / 팩스 02-730-7173

인 쇄   상지사P&B(031-955-3636)
배 본   문화유통북스(031-937-6100)
홈페이지 http://modl.tistory.com/

값은 뒤표지에 있습니다.
ISBN 978-89-97472-98-7 94360
ISBN 978-89-97472-43-7 94360 [세트]

* 잘못된 책은 바꿔드립니다.
* 이 책의 전부 또는 일부 내용을 재사용하려면 사전에 저작권자와 도서출판 모시는사람들의
동의를 받아야 합니다

이 도서의 국립중앙도서관 출판시도서목록(CIP)은 e-CIP 홈페이지 (http://www.nl.go.kr/ecip)
에서 이용하실 수 있습니다. (CIP 제어번호 : 2015007893)